国家重点档案专项资金资助项目

民国时期重庆民族工业发展档案汇编

重庆电力股份有限公司

第②辑

重庆市档案馆◎编

唐润明◎主编

西南师范大学出版社
国家一级出版社　全国百佳图书出版单位

目录

二、章程制度（续）

目录

三、会议纪录

目录

二、章程制度（续）

重庆电力股份有限公司用电检查组办事细则（一九四四年三月四日） 0219-2-70

重慶電力公司用電檢查組辦事細則

第一章 總則

第一條 本細則依本公司組織規程第廿九條訂定之

第二條 本組直隸於總協理隨時與公司各部門取得聯絡

第三條 本組設組長一人副組長一人至二人檢查員文書員各二人辦事員二人至三人就公司現有人員調派或另派之

第二章 檢舉及取締

第四條 本細則實施時應即挨户普通檢查一次此後每年至少普查一次

第五條 責成業務部份之抄表及檢驗收費人員為檢舉一切不合法用户之負責人以抄表員為絕對負責人檢驗及收費員為隨同負責人

第六條 應事宣傳獎勵密告優給獎金並對密告者負責保守秘密

第七條 抄表檢驗及收費人員發覺不合法之用電應隨時填報本組處理

收文檢字第 年 月 日 號

第八条 抄表檢驗收費人員未能發覺經人密告由本組查實者竊電日期按照情節輕重由總務課依據服務規則予應負檢舉責任者以各別之懲處或訓誡其另報應得之獎金

第九条 本組接到檢舉人報告或密告應立即檢查處理至多不得超過三日

第十条 檢查或交涉之人員應態度和藹言語誠懇儘量設法避免與用户言语之衝突以表現忠实服務之精神

第十一条 檢查或交涉之人員應佩公司之証章並帶檢查証憑証先行出示用户証明身分

第十二条 用户有左列行為之一者經檢查屬实應即分別取締

(一)未經本公司裝置電表在公司所設線路上擅自接電者

(二)繞越電度表及其他計電器材損壞或改動表外之綫路者

（三）損壞或改變電表及其他計電器材之構造或以其他方法使電表及其他計電器材失效或不準者

（四）故意損壞電表及其他計電器材之外殼或其他保護物者

（五）損壞或偽造本公司所置封誌或封印者

（六）在電價較低之線路上私接電價較高之電器者

（七）其他以竊電為目的之行為者

第十三條 執行取締時應帶同憲或警一人或憑當地保甲長拆除其戶外接線並填具檢查報告請用戶簽蓋或覓取文件照片作證不得移動或拆除損壞用戶屋內之電器裝置

第十四條 取締時設帶憲或警非必要時仍宜勿進用戶屋內

第十五條 本公司職工用電一律檢查取締如違反職工用電規則報由 總協理加重處罰

重庆电力股份有限公司用电检查组办事细则（一九四四年三月四日） 0219-2-70

第三章　赔款表

第十六条　窃电用户赔偿电费标准如左

(一)按所装电灯电扇电热用具电动机及其他用电设备分别性质及其瓦特或马力数照各日用电六小时计算赔偿电费一年

(二)霓虹灯之电费其电力同数照百分之五十折算

(三)在窃电处所查获之电动机每一马力以八百瓦特计其电灯每一烛光以一瓦特计算

(四)在窃电处查获灯座插座或接线头而未查获灯泡或电器者每个以五十瓦特计其概照电灯价赔偿电费

(五)在低价线路上私接应付较高电价之电器者应以高价之电器照本条第(一)款计算其电度作为用电总度数按高价计算其电费但用户提出证明证实最近一年内实用度数少于上列计算所得之电度时

重庆电力股份有限公司用电检查组办事细则（一九四四年三月四日） 0219-2-70

得以实用度数为准

（六）在窃电处所查获未注明用电数量之电器者得估计其用电数量

第十七条 赔款数额查核取缔股至迟两日内核计审定填发通知书及计算单由邮局挂号寄送用户（同时通知出纳股）限定接到通知后七日内自行送交公司出纳股掣取收据

第十八条 窃电用户如逾期不缴赔款即行派员带同宪或警一人前往催收如仍不理即移请宪军警机关法办或向法院诉追

第十九条 照缴赔款之用户经主管机关或总协理核准即由本组通知其向业务科或办事处办理装表用电手续成为本公司之正式用户

第四章 统计复查

第二十条 本组工作如查获窃电用户数已结未结情形已收未收赔款数目暨因此为公司减少损失之数目等均应按月造具统计月报送陈总协理

校閲

第二十一条　窃電用户尚未成為正式用户以前不論其已否繳清賠款或了結訴訟均應隨时注意複查（檢舉）以防其繼續窃用

第五章　協助業務

第二十二条　左列情形之用户業務部（份）得移送本組办理

（一）机关法团撤銷在三個月以上者

（二）部隊撤离在三個月以上者

（三）被炸或遷移在三個月以上確無法知其下落者

（四）欠費在一年以上者

（五）其他認為無法收取者

本組对於前項用户経量設法催收經过一定階段如確無法收取之户始月列作呆賬報由總協理提請董事會核銷

重庆电力股份有限公司用电检查组办事细则（一九四四年三月四日）　0219-2-70

重庆电力股份有限公司用电检查组办事细则（一九四四年三月四日） 0219-2-70

52

第廿三条　業務部份对於欠費用户应剪綫停電而不能执行时本組应協同办理

第廿四条　有下落之欠費用户经業務部份通知送向催收不理时得移由本組報請治安机关法办或向法院訴追

第廿五条　賠款及欠費如有特殊原因非酌減收不可时必须经總協理之核准

第廿六条　用户因欠費被停用電一经繳清应随即通知業務部份立即復火

第廿七条　自动移表之用户应由負責檢舉人随时蹤跡其下落一面由公司呈報警告或報请治安机关通缉

第六章　節約用電

第廿八条　政府規定之節約用電办法指定本公司會同檢查者应由本组按时派員随同認真办理不得玩忽

第廿九条　政府核定调節工廠用電时间之办法应由本组遵照規定办法認真执行

第三十条　經檢舉密告或任何人之告發因而追到賠款者照左列標準於实收款

重庆电力股份有限公司用电检查组办事细则（一九四四年三月四日）　0219-2-70

额内提给奖金

告发以第一人为限如第二以下告发者特详因而增加收益或减少损失时临时由总协理酌核办理

告发人　百分之三十

本组人员　百分之十

协助执行宪警　百分之十

第卅一条　本组对于有表窃电用户不能检定时得请公司其他部份人员检定之检定者之酬金得照实收款额内提给百分之十

第卅二条　告发人检定人检举人及宪警之奖金或酬劳金均以户为单位于每户收清赔款后由本组发给通知付款单凭向出纳股领取

第卅三条　窃电用户之赔款已依法收取或豁免时告发人及检举人之奖金由公司酌给但须陈经总协理核定本组人员及宪警则不再给奖

重庆电力股份有限公司用电检查组办事细则（一九四四年三月四日） 0219-2-70

第卅四条 业务部份不能收取之欠费移经本组收得者得在实收款额内提给
经收人百分之一至百分之十之奖金由总协理随时核定

第卅五条 无法收取之欠费已作为呆账提经本组收得者得在实收款额内提
给经收人百分之二十至五十之奖金由总协理随时核定

第卅六条 本组员工之奖金由组长按各员工成绩于月终制成分配表陈经
总协理核定之本组工役不得给奖

第八章 惩罚

第卅七条 本组人员或公司员工有左列情事之一者一经查觉除照章开革
外并送治安机关或法院法办

（一）包庇窃电或收受贿赂者

（二）售电营利者

(三)向用户敲诈勒索者

(四)侵吞赔款者

(五)私取用户器材者

第卅八条 本组员工具有左列情事之一者分别轻重予以记过扣薪停职等处分或呈请减其应得之奖金

(一)奉派出外而阳奉阴违者

(二)检查窃电未结果而经人告发或经他员查获确实窃电者

(三)不能收取之欠费经另派员得收者

第九章 附则

第卅九条 本细则如有未尽事宜由总经理以命令补之

第四十条 本细则经总经理提请董事会决议之日施行

重庆电力股份有限公司关于检送重庆电力股份有限公司营业章程致重庆市政府的代电（附章程）（一九四四年五月二日）

0219-2-185

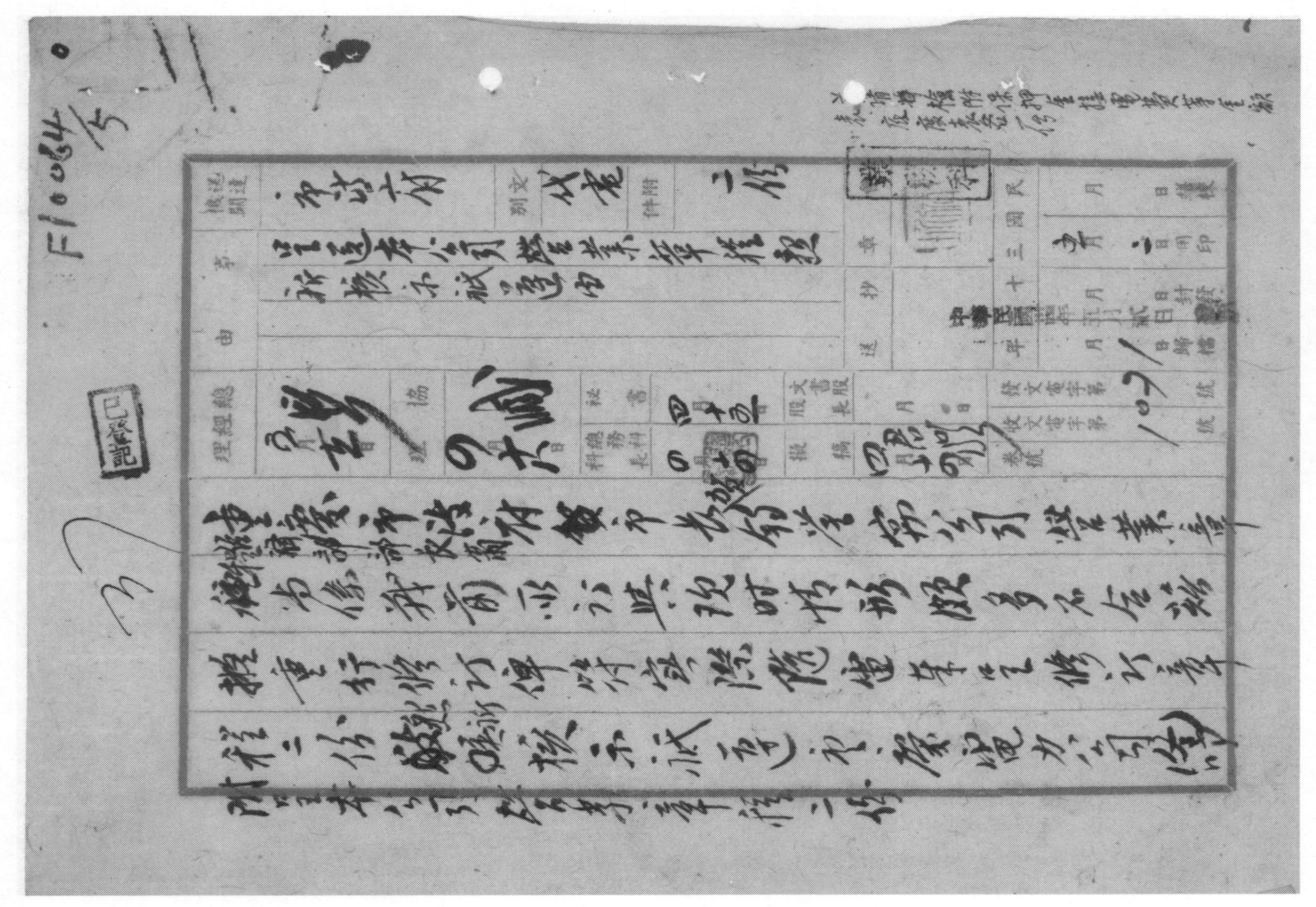

送達機關：市政府

事由：呈送本公司營業章程請核示祇遵由

文別：代電

附件：二份

中華民國卅三年五月貳日

重慶市政府賀市長鈞鑒：竊公司營業章程係經濟部核准備案，施行有年。惟以當年所訂與現時情形頗多不合，茲擬重行修訂，俾符實際。隨電奉呈修訂章程二份，敬祈鑒核示祇遵。重慶電力公司（寅）冬印

附呈本公司營業章程二份

重庆电力股份有限公司关于检送重庆电力股份有限公司营业章程致重庆市政府的代电（附章程）（一九四四年五月二日）

0219—2—185

38

業務科及三办事處通知

查本公司照營業章程經已修訂提請三十四年六月二十日第八十五次董事會議通過除呈請經濟部四川省政府核定外暫先實施特此通知此致

業務科
南岸
江北 办事處
沙坪壩

總經理 浦〇〇
協理 程〇〇

中華民國卅三年五月貳日 發

附發本公司營業章程修

重庆电力股份有限公司关于检送重庆电力股份有限公司营业章程致重庆市政府的代电（附章程）（一九四四年五月二日）

0219–2–185

重慶電力公司營業章程

重庆电力股份有限公司关于检送重庆电力股份有限公司营业章程致重庆市政府的代电（附章程）（一九四四年五月二日）

0219-2-185

重慶電力公司營業章程

第一章 總則

第一條 本公司營業悉依本章程辦理、

第二條「營業種類」本公司業務如左、

甲 電氣供給

一、「電燈」凡以電為照明之用及太陽灯愛克斯光電風扇放映機等均屬之、

二、「電力」凡以電力為原動力之用者屬之、但以電動機拖動發電機發電或以交流機變電而用以照明及使用屬于電燈類之電器、或其原動力不足一匹馬力、及以單相電力充電或收發報機

重庆电力股份有限公司关于检送重庆电力股份有限公司营业章程致重庆市政府的代电（附章程）（一九四四年五月二日）

0219–2–185

使用單相電力在一瓩以下者、均屬於電燈、

三、「電熱」 甲、「普通電熱」凡以電為烹飪取煖之用及其他家用電器均屬於普通電熱、

乙、「工業電熱」凡以電為熔焊煉冶烘焙等工作之用者屬於工業電熱、

乙、代用户設計及裝置各種電器設備、

丙、出租電氣用具、

第三條「停電」 本公司日夜供電但遇有左列情事、概不負停電責任、

一、用户用電不慎發生災患而致停電者、

二、因發電供電設備發生故障呈奉主管機關核准停電者、

重庆电力股份有限公司关于检送重庆电力股份有限公司营业章程致重庆市政府的代电（附章程）（一九四四年五月二日）

0219-2-185

41

三、因發電容量不敷供應、呈奉主管機關核准停電者、

四、其他因意外事故或因工作之必要、無法避免而致停電者、

凡停電時期在十二小時以上者、先期登報公告、

第二章　供電方式

第四條「電壓」　本公司供電方式為三相交流五十週波、輸電之壓暫定為一萬三千八百伏及五千二百五十伏、用電之壓定為電力三相三百八十伏、（其裝見不足一匹馬力者得用單相）及電燈單相二百二十伏兩種、但有特殊用電情形、經本公司認可者、得用其他電壓、

第五條「起動設備」　電動機在十匹馬力以下者、得用鼠籠式、超過十匹馬力者須用滑圈式或經本公司認可之其他式樣之電動機、其五匹馬力

重庆电力股份有限公司关于检送重庆电力股份有限公司营业章程致重庆市政府的代电（附章程）（一九四四年五月二日）

以上之電動機、須裝置適當之起動設備、如單捲降壓起動器及Y△開關等務使在定額電壓下之起動電流、不致超過其全負荷電流之二倍半、

第三章 添放桿綫及加裝變壓器

第六條「添桿放綫」 用户在本公司桿綫未達到之處聲請用電者、應先向本公司業務科或各辦事處（以下簡稱主管科處）填具添桿放綫聲請單、經查勘估計後、即將可能添桿放綫通知單通知原聲請户於一個月内持單向主管科處照繳供電綫路工程設備補助費、如經查勘認為工程困難、或因器材缺乏無法办理時、得拒絕接受聲請、將不可能添桿放綫通知單通知原聲請户、

重庆电力股份有限公司关于检送重庆电力股份有限公司营业章程致重庆市政府的代电（附章程）（一九四四年五月二日）

0219-2-185

第七條「加裝變壓器」 用户聲請加裝變壓器、聲明不屬專用者、公司按其所需KVA收取補助費、其屬專用者變壓器應由用户自備、如聲請由公司置備時、應由用户先行繳付補助費、

第八條「桿線變壓器補助費」 添桿放綫及加裝變壓器（包括一切附屬器材）之補助費、按市價七成加工費計算、必要時得呈請主管機關改訂之、

第九條「改放桿綫補助費」 用户聲請供電因本公司原設桿綫不能負担必須改換桿綫方能供電者、其補助費以新設備之總價扣除撤換器材之殘餘價值、其增加部份工程設備補助前条之七成加工費計算、

第十條「補助費負擔」 同一地段内如有二户以上同時聲請添桿放綫、其工程設備補助費、應由各聲請户照用電量分攤、如係先後聲請、

重庆电力股份有限公司关于检送重庆电力股份有限公司营业章程致重庆市政府的代电（附章程）（一九四四年五月二日）

0219-2-185

最先聲請户不得要求後接用户或本公司分担其已交補助費、

第十一條「桿綫变壓器產權」 本公司添設及改設之桿綫或加裝之変流器及其附屬器材雖經向用户收取補助費、其所有權仍屬本公司、得由本公司在是項桿綫上供給其他用户、原繳付補助費之用户不得干涉、

第四章 内綫装置

第十二條「屋内電器装置」 用户屋内之電器装置、應由經、重慶市政府註冊之承装電器商店辦理、經本公司認可者、得由用户自辦或委託本公司代辦、如查有用户不依此規定或不遵前中央建設委員會頒布之屋内電燈綫装置規則及重慶市政府須布

重庆电力股份有限公司关于检送重庆电力股份有限公司营业章程致重庆市政府的代电（附章程）（一九四四年五月二日）

0219-2-185

403

之電氣裝置取締規則之規定辦理者本公司得拒絶接電、

第十三條「取締轉供」本公司如查有用户轉供電流與不同屋之人使用者得撤回表線、停止供電

第五章　接電手續

第十四條「報裝」户主或承裝商店于內線裝竣後、向本公司主管科處填具報裝請驗單經檢驗合格、即將檢驗合格通知單通知原請驗户、於一個月內持單向主管科處照繳電度表押金用電保証金（以下簡称保押金）接户器材補助費及接電費、本公司於收款後三日內派工裝表接電（遇天雨例假或其他意外事变不在此限）如檢驗認為不合即將改正通知單通知原請驗户、經照改竣後再報請復

重庆电力股份有限公司关于检送重庆电力股份有限公司营业章程致重庆市政府的代电（附章程）（一九四四年五月二日）

0219-2-185

驗、仍認為不合即通知再改至合格為止、報請復驗至二次以上時、
每次應由承裝商店照繳復驗費、

第十五條「保押金及接電費」 前條保押金及接電各費遵照主管機關核定金額收取、但臨時用電用戶須加倍繳付（保押金接電費等金額表附後）遇有修改時登報公告之、

第十六條「接戶器材補助費」 用戶裝用之電表及自附近電桿起至電表止之接戶器材、遵照主管機關核定由公司供給、照價收取補助費、如遇本公司器材缺乏不能供給時、得拒絕接電、如用戶自備有接電器材、經本公司認為合用者可由本公司收購、仍照前条收取補助費、

重庆电力股份有限公司关于检送重庆电力股份有限公司营业章程致重庆市政府的代电（附章程）（一九四四年五月二日）

0219-2-185

第十七條「電力電熱裝表」用户如未经向本公司聲請安裝電灯表者、不得聲請供給電力或電熱、

第十八條「保護接户器材」本公司裝于用户用電地址之電表並附屬設備及其他接户器材用户負有保護之責、如有損壞或遺失須照市價賠償、

第六章 換表移表驗表及過户

第十九條「換表」用户裝用電表後、擬変更電氣設備改裝較大或較小之電表時、應於内线改裝工竣後、攜帶印章向本公司主管科處填具改表聲請單、经檢驗合格後、即將可能改表通知單通知原聲請户於一個月内持單及原繳保押金收据向主

重庆电力股份有限公司关于检送重庆电力股份有限公司营业章程致重庆市政府的代电（附章程）（一九四四年五月二日）

0219-2-185

管科處照補或照退保押金、並照繳換表費、本公司當即派工撤換、如檢驗認為不可能時、即不可能改表通知單通知原聲請戶、

第廿條、新址移表　用戶擬將原裝電表移至新址時、應先向本公司主管科處填具撤表遷移聲請單、並結清電費、再持同原址撤表憑證及原繳保押金收據向主管科處照（本章程第十四條）規定辦理新裝手續、用戶收到檢驗合格通知單時應即向主管科處繳清各費（原保押金數額抵繳現款）

第廿一條、原址移表　用戶擬將原裝電表於同一屋內遷移處所時、應先向本公司主管科處填具屋內移表聲請單經檢驗合格、

45

即將可能移表通知單通知原申請户於一個月內持單向主管科處照繳移表費、其須加添材料者、並照繳材料補助費、本公司於收費後二日內派工移表（遇天時例假或其他意外事變不在此限）如檢驗認為不便遷移、即將不可能移表通知單通知原聲請用户

第廿二條「驗表」 用户如認為所裝電表不甚準確、得隨時向本公司主管科處填具校表聲請單、照繳校表費、本公司對於單相表得派員赴用户處校驗、三相表須撤回校驗、電表經校驗後、其快慢在百分之二以內者、以準確論、不退還校表費、如快慢超過百分之二以上、即按所得之準確百分數計算、退還或補收最近一個月電費之差額、並退還校表費、如

重庆电力股份有限公司关于检送重庆电力股份有限公司营业章程致重庆市政府的代电（附章程）（一九四四年五月二日）

0219-2-185

電表發生故障、無法計算更正電度時、應照最近三個月平均實用電度更正電表失效期間電費、其裝表未滿三個月者、應照用電後三個月實用電度平均更正電費、其裝表未滿一個月者、應照裝表後一個月內每日用電平均度數按日更正電費、

第廿三條「過戶」 用戶所裝電表擬過讓新戶時、應由新戶邀同原戶攜帶保押金收據最近三個月電費收據及印章、向本公司主管科處填具過戶聲請單繳清欠費、並照繳過戶手續費、否則原戶如有欠費及其他責任、概由新戶負担清理、

第七章 電價、底度及臨時用電

第廿四條「電價」 本公司收取用戶電費、遵照主管機關核定電價計

重庆电力股份有限公司关于检送重庆电力股份有限公司营业章程致重庆市政府的代电（附章程）（一九四四年五月二日）

0219-2-185

46

算（電价表坿後）遇有修改時、登報公告之。

第廿五條「底度」用户裝用電表後、如未用電或每月用電不及底度、均應照底度算付電費、超過底度者照實用電度計算（底度表坿後）遇有修改時、登報公告之。

第廿六條「臨時用電」臨時用户以三安培為最小電表量、用電時間以一個月為限、電費照核定電價加百分之廿計算、底度照坿表加倍計算。

第八章 抄表及收費

第廿七條「抄表」本公司每月定期派員至各用户抄表一次、計算所用電度、記載於抄表紙錄卡片上、以便用户隨時核算、對於餐館旅

重庆电力股份有限公司关于检送重庆电力股份有限公司营业章程致重庆市政府的代电（附章程）（一九四四年五月二日）

0219-2-185

館茶館戲院及其他公共娛樂場所、得酌量情形、每半月或每
旬抄表收費一次、
本公司派員赴用戶抄表時、如遇門鎖閉、無法抄錄、即致函約期、
如到期仍無法抄錄、亦無復函、即派工剪綫停止供電、並設法收
回電表、追償欠費、

第廿八條「收費」本公司抄表後、派員持正式收據向用戶收取電費、如用戶
當時未能照付、即由該收費員通知應付金額、克日前來公司
交付、逾期再行催收、
用戶電費經催收仍未付清時、由本公司寄發催費通知單限
期前來繳付、如再逾期、即派工剪綫撤表、並追償欠費、

重庆电力股份有限公司关于检送重庆电力股份有限公司营业章程致重庆市政府的代电（附章程）（一九四四年五月二日）

0219-2-185

47

用户电费须一次付清，取得本公司正式收据为凭，如未取得正式收据或取得收费员所给临时收据者，概作无效。

第九章 撤表及复火

第廿九条「撤表」 用户自动请求撤表，应于三日前随带印章、保押金收据及最近一个月电费收据，向本公司主管科处填具停电撤表声请单，即派工撤除。

第卅条「复火」 用户自动请求撤表或因欠费暨其他违章情事致被撤表后，如欲复火用电，应于一个月内持撤表凭证、保押金收据及最后一个月电费收据，向本公司主管科处填具复火声请单，照缴欠费及复火费，逾期即照新户报装办理。

第十章 补据及退费

第卅一条「保押金补据」 用户遗失保押金收据时，应即向本公司主管科处填具挂失声请单，照缴挂失手续费，随觅殷实铺保签具本公司制发之挂失补据保单，并登报声明，经本公司对保查实后，即照原缴金额补发收据或退费。

第卅二条「退费」 用户所缴保押金非经撤表，不得请求退还。用户撤表后，得携同撤表凭证、保押金收据及最后一个月电费收据，于六个月内向本公司主管科处领回保押金。如有欠费或须赔偿损坏之器材，即以原缴保押金作抵，有余退

重庆电力股份有限公司关于检送重庆电力股份有限公司营业章程致重庆市政府的代电（附章程）（一九四四年五月二日）
0219-2-185

重庆电力股份有限公司关于检送重庆电力股份有限公司营业章程致重庆市政府的代电（附章程）（一九四四年五月二日）

0219—2—185

48

違、不足仍應追償、

用戶已付電費、如事後發現計算錯誤、確有多付情事、應持原電費收據前來本公司業務科聲請照退、如本公司發現計算錯誤確有少收情事、亦應向用戶補收、

第十一章 內線檢查及修理

第卅三條「檢查」 用戶屋內之電氣設備導線及其他材料、應隨時自行檢查、設法整理、本公司查有腐壞漏電情形、即通知用戶限期改善、逾期得停止供電、

第卅四條「修理」 用戶屋內電氣設備有損壞時、應自行修理、如發現屋外總保險絲熔斷時、應即通知本公司免費修理之、

第十二章 附則

第卅五條 本公司員工至用戶檢查或工作時如帶有編號證章及外勤服務證用戶不得拒絕檢查或阻礙其工作、

第卅六條 用戶經本公司同意得另訂用電合同、

第卅七條 本公司出租電器用具另訂章程辦理、

第卅八條 本章程經本公司董事會決議呈報重慶市政府核准後公布施行修改時亦同、

重庆电力股份有限公司关于检送重庆电力股份有限公司营业章程致重庆市政府的代电（附章程）（一九四四年五月二日）

0219–2–185

重庆电力股份有限公司关于抄发用电审查委员会组织规程、用电标准及管理用电办法给各科、处、组等的通知（附组织规程、用电标准、管理用电办法）（一九四四年九月十四日） 0219-2-188

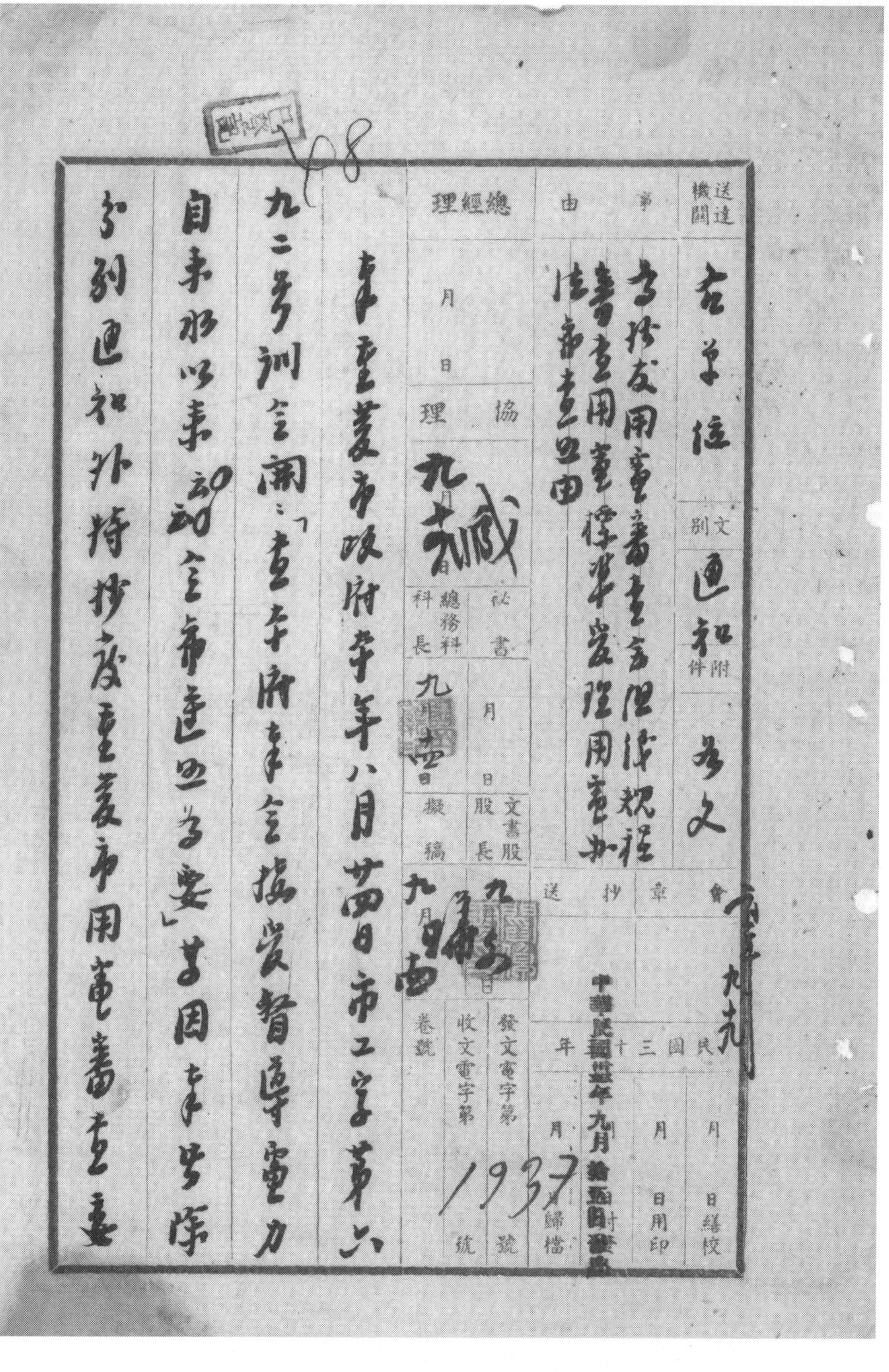

送達機關：各單位

事由：為抄發用電審查委員會組織規程、用電標準及管理用電辦法由

文別：通知

附件：另文

總經理

協理 九月十四日

秘書

總務科科長 九月十四日

文書股股長 九月十四日

擬稿 九月十四日

會章抄送

中華民國卅三年九月拾四日

發文電字第 號

收文電字第 號

卷號 1937

奉重慶市政府本年八月廿四日市工字第六

九二號訓令開：「查本府前令據發暫導電力

自來水以來該會令飭遵照為要」等因，奉此除

分別通知外，特抄發重慶市用電審查委

重庆电力股份有限公司关于抄发用电审查委员会组织规程、用电标准及管理用电办法给各科、处、组等的通知（附组织规程、用电标准、管理用电办法）（一九四四年九月十四日） 0219-2-188

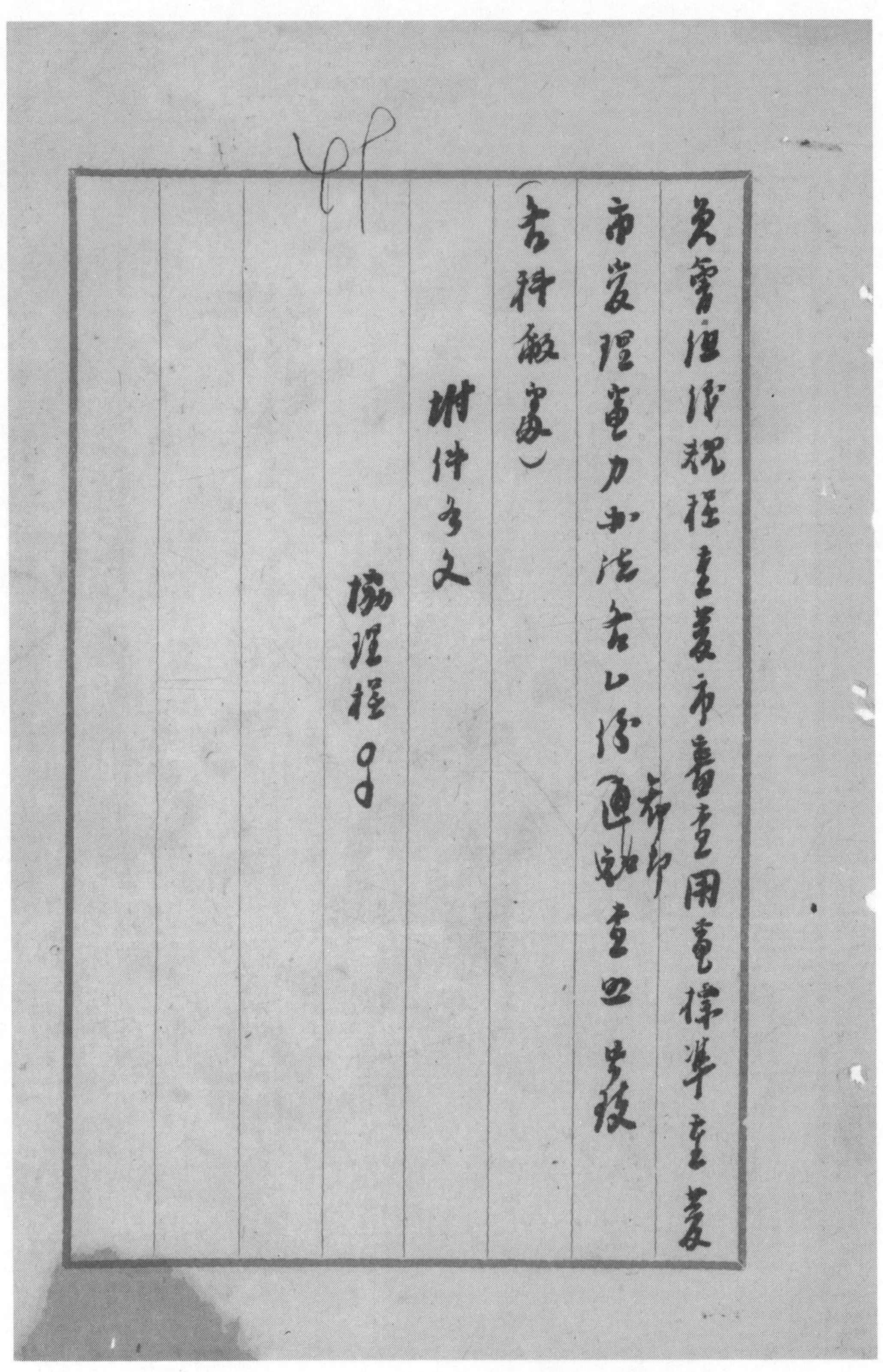
员會組織規程暨[illegible]市審查用電標準暨
市發理電力辦法各一份抄印通知查照為荷
（各科處組）
附件如文
協理程 [illegible]

重庆电力股份有限公司关于抄发用电审查委员会组织规程、用电标准及管理用电办法给各科、处、组等的通知（附组织规程、用电标准、管理用电办法）（一九四四年九月十四日） 0219-2-188

重慶市審查聲請用電標準

第一條　在重慶電力公司供電能力不充裕時得設立用電審查委員會審查申請用電各用户

第二條　本委員會以市工務局主任秘書第二科科長水電股主任技術室主任及電力公司代表共五人組織之以市工務局主任秘書為主席

第三條　本會規定每月在工務局開審查會二次如主席因事不能出席得請其他一委員

重庆电力股份有限公司关于抄发用电审查委员会组织规程、用电标准及管理用电办法给各科、处、组等的通知（附组织规程、用电标准、管理用电办法）（一九四四年九月十四日） 0219-2-188

代理

第四條 本會應將每次審查結果送請工務局長提出市政會議決定

第五條 凡經核准之用户均由工務局擬辦府稿令飭電力公司安裝

第六條 本組織規程自呈准之日施行

重庆电力股份有限公司关于抄发用电审查委员会组织规程、用电标准及管理用电办法给各科、处、组等的通知（附组织规程、用电标准、管理用电办法）（一九四四年九月十四日） 0219-2-188

57

重庆市审查声请用电标准

一、本市各工厂申请接用电力时得按其用电性质及情形依照左列各项顺序予以审查

(1) 兵工军需
(2) 电台
(3) 钢铁及冶炼
(4) 液体燃料
(5) 印刷（限印法币）
(6) 纺织（纺纱厂装有大型机或印度纱锭者织布厂装有织布机五十部以上者）
(7) 面粉
(8) 电化电解
(9) 交通器材
(10) 药品制造
(11) 机器（工作机在二十部以上者）
(12) 电工（工作机在五部以上者）
(13) 化学产品（确系急需者）
(14) 其他必要工厂

二、前条以外之工厂申请接用电力得依本市供应

能力數額予以審核，

三、第一條所列各廠申請用電其核准數量及時間須加以限制的數量超過電力公司供電能力須暫緩核准

四、各機關團體及工廠申請接用電燈者須按其性質及實際用電情形酌予審查，如必要者暫緩核准

五、各商店住戶及各機關宿舍申請接用電燈者暫緩核准

六、本標準自呈准之日施行

重庆电力股份有限公司关于抄发用电审查委员会组织规程、用电标准及管理用电办法给各科、处、组等的通知（附组织规程、用电标准、管理用电办法）（一九四四年九月十四日） 0219-2-188

重庆电力股份有限公司关于抄发用电审查委员会组织规程、用电标准及管理用电办法给各科、处、组等的通知（附组织规程、用电标准、管理用电办法）（一九四四年九月十四日） 0219-2-188

52

重慶市管理電力辦法

一、本市管理電力除 中央有明文規定者外悉依照本辦法辦理

二、重慶電力公司（以下簡稱該公司）新訂之各種規章應呈送市府核准後施行

三、關於業務方面

(甲)該公司因收支失衡業務維持發生困難時得呈由市府會同經濟部核轉 行政院調整電價

(乙)該公司應於每月上旬將上月業務及財務月報呈送市府備查

(丙)該公司業務之發展須徵購地皮時本府得予以協助

(丁)該公司因故須停止供電在十五日以內應呈請市府核准逾過十五日應呈請市府核轉 行政院批准但臨時發生障礙得於事後呈報市府

(戊)在該公司電力不够分配時所有申請安装電灯電力之新用户均須報由重慶市用電審查委員会審查通過并經市政会议核准後方能办理

四、關於技術方面

重庆电力股份有限公司关于抄发用电审查委员会组织规程、用电标准及管理用电办法给各科、处、组等的通知（附组织规程、用电标准、管理用电办法）（一九四四年九月十四日） 0219-2-188

（甲）该公司如有新建工程须先将工程计划说明书及预算呈送市府核准後方能施工但工程较为重大者由市府核转行政院批准施行

（乙）如有紧急工程需款甚钜该公司无法筹措时拟具计划书及预算呈请市府核转行政院批准拨借款项以资进行施工时由行政院派员会同市府派员监督工程之进展

（丙）供电区域内治安线路不良得由市府分别情形令饬改善

（丁）如因技术改良需用外来材料时市府须设法予以购置及输运之便利或须细用其他工厂剩余器材时市府得予以协助

（戊）该公司应将上月之工程煤质煤量等月报於下月上旬呈送市府备查

（己）该公司对於各工厂购电及售电应随时呈报备查

五、关於节约管理方面

（甲）经常检查节约用电由电力公司会同宪警办理

（乙）定期检查节约用电由市警工两局派员会同宪兵及电力公司两派人员办理由警察局主办

（丙）对於该公司取缔窃电市府须予以协助

六、本办法自呈准之日施行

重庆电力股份有限公司关于抄发用电审查委员会组织规程、用电标准及管理用电办法给各科、处、组等的通知（附组织规程、用电标准、管理用电办法）（一九四四年九月十四日） 0219-2-188

53

重慶市用電審查委員會組織規程

第一條 在重慶電力公司供電能力不充裕時得設立用電審查委員會審查申請用電各用户

第二條 本委員會以市工務局主任秘書第二科科長水電股主任技術室主任及電力公司代表共五人組織之以市工務局主任秘書為主席

第三條 本會規定每月在工務局開審查會二次如主席因事不能出席得請其他一委員

重庆电力股份有限公司关于抄发用电审查委员会组织规程、用电标准及管理用电办法给各科、处、组等的通知（附组织规程、用电标准、管理用电办法）（一九四四年九月十四日）　0219-2-188

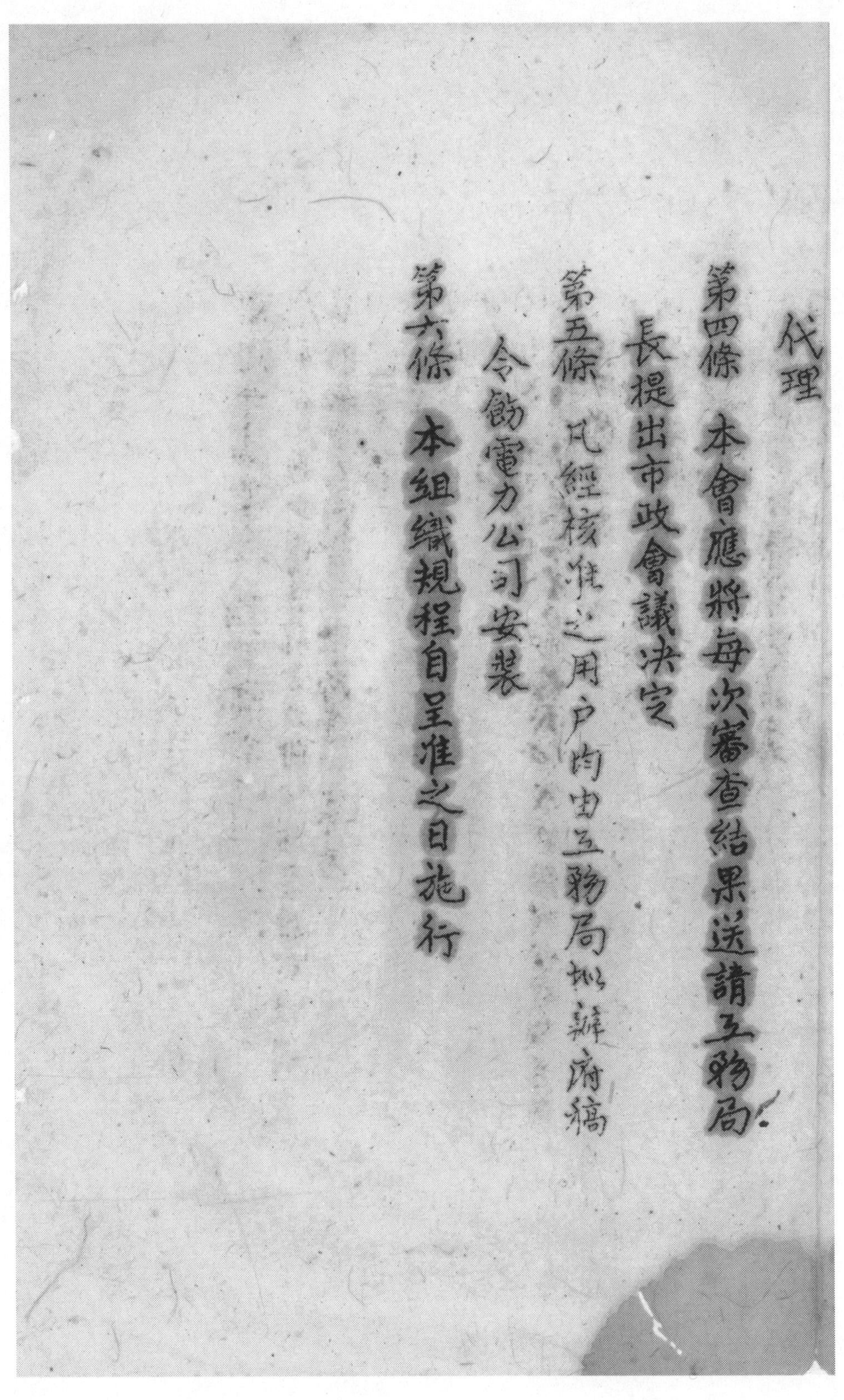

代理

第四條　本會應將每次審查結果送請工務局長提出市政會議決定

第五條　凡經核准之用户由工務局擬辦府稿令飭電力公司安裝

第六條　本組織規程自呈准之日施行

重庆市政府关于修正重庆电力股份有限公司营业章程给重庆电力股份有限公司的指令（一九四五年五月二十七日）

0219–2–185

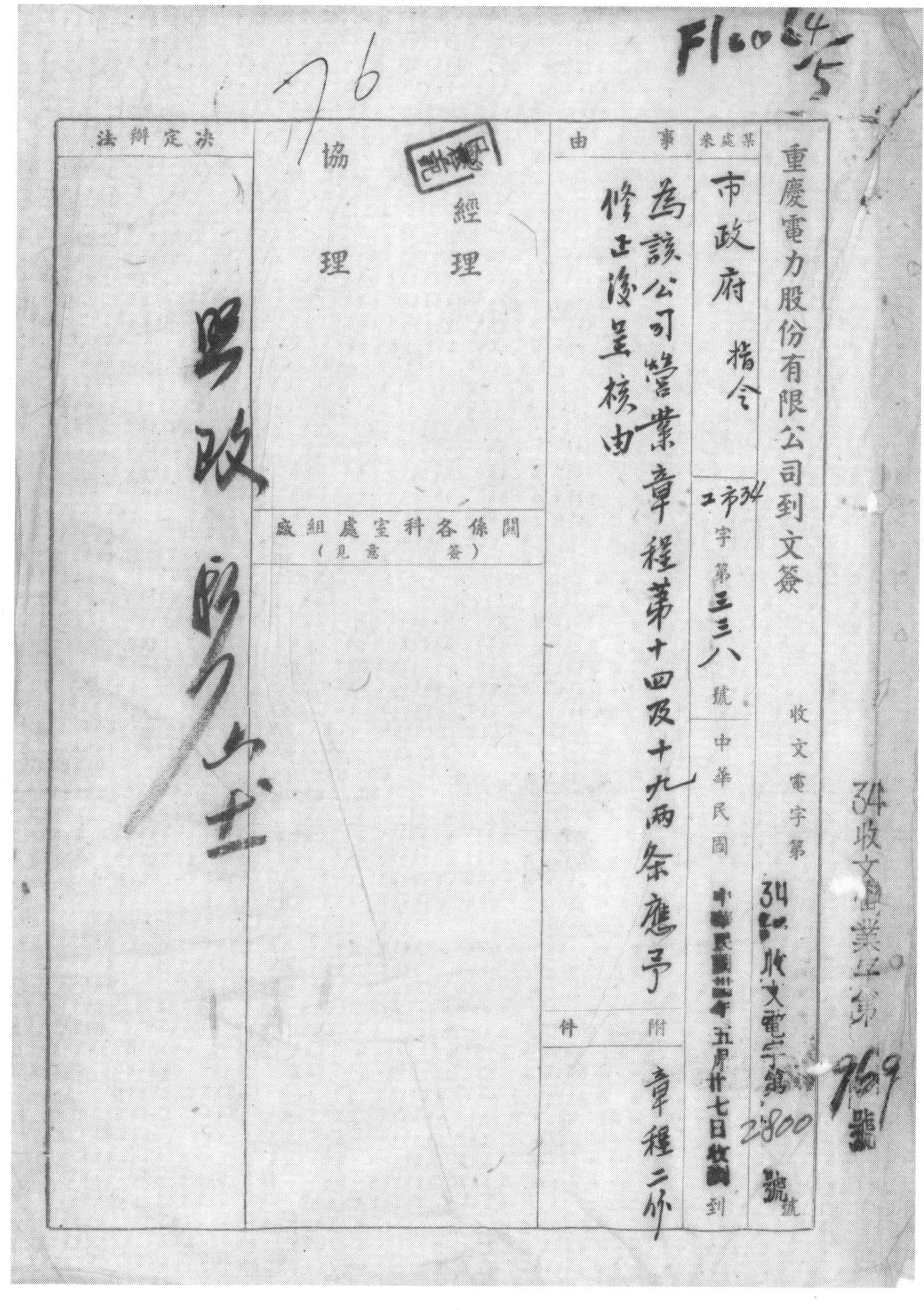

重慶電力股份有限公司到文簽

來處	市政府 指令
字號	工市34字第三三八號
日期	中華民國卅四年五月廿七日收到
收文電字第	34收文電字第2800號
事由	為該公司營業章程第十四及十九兩条應予修正後呈核由
附件	章程二份
經理	
協理	
關係各科室處組廠簽（意見）	
決定辦法	照改 [illegible]

34收文電業字第969號

重庆市政府关于修正重庆电力股份有限公司营业章程给重庆电力股份有限公司的指令（一九四五年五月二十七日）

0219-2-185

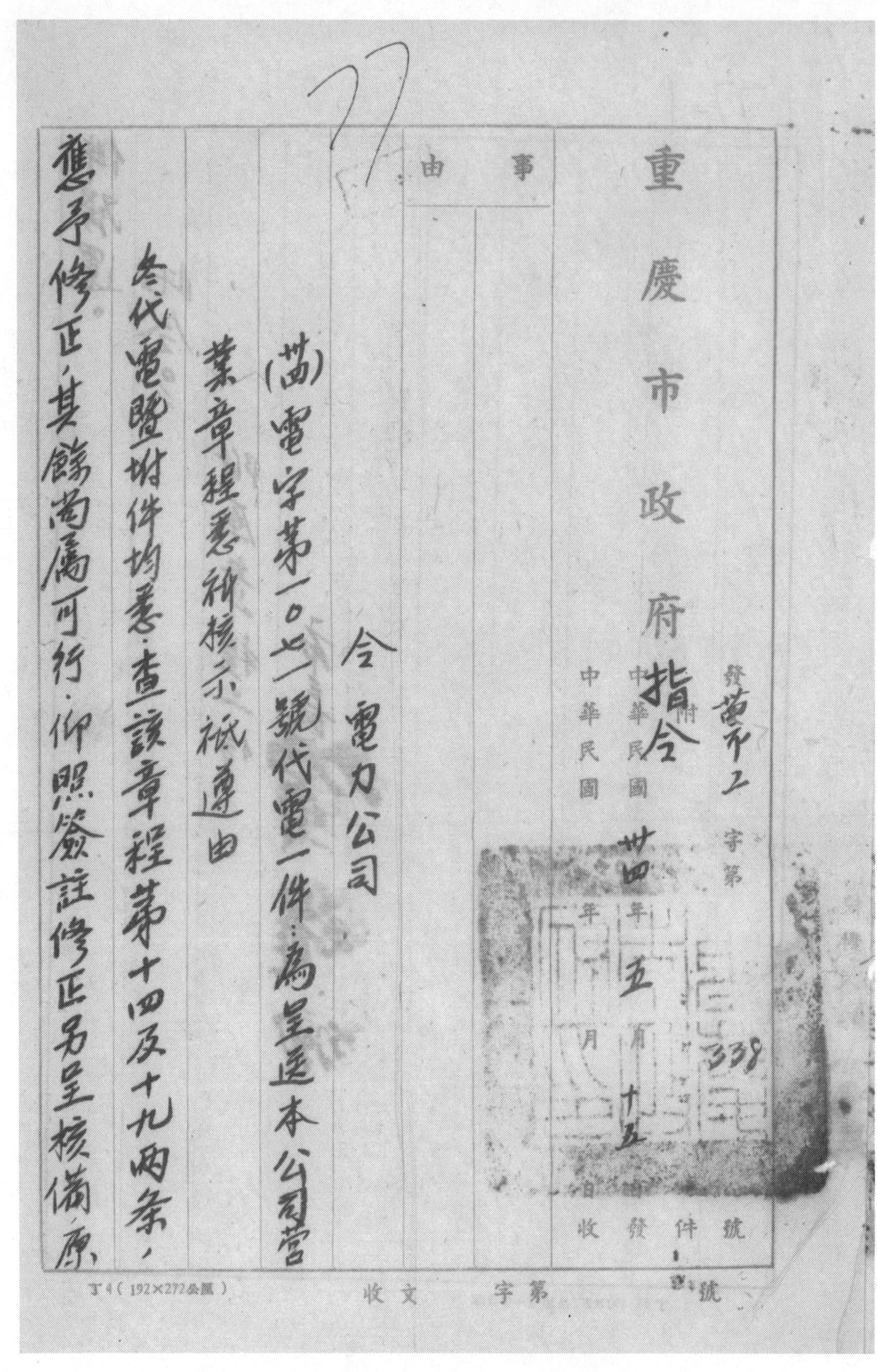

重慶市政府指令

發 工 字第 338 號

中華民國卅四年五月十五日發

中華民國 年 月 日收

事由

令電力公司

（卅四）電字第一〇七一號代電一件，為呈送本公司營業章程懇祈核示祇遵由

代電暨附件均悉。查該章程第十四及十九兩條，應予修正，其餘尚屬可行。仰照簽註修正另呈核備。原

丁4（192×272公厘）

收文 字第 號

重庆市政府关于修正重庆电力股份有限公司营业章程给重庆电力股份有限公司的指令（一九四五年五月二十七日）

0219–2–185

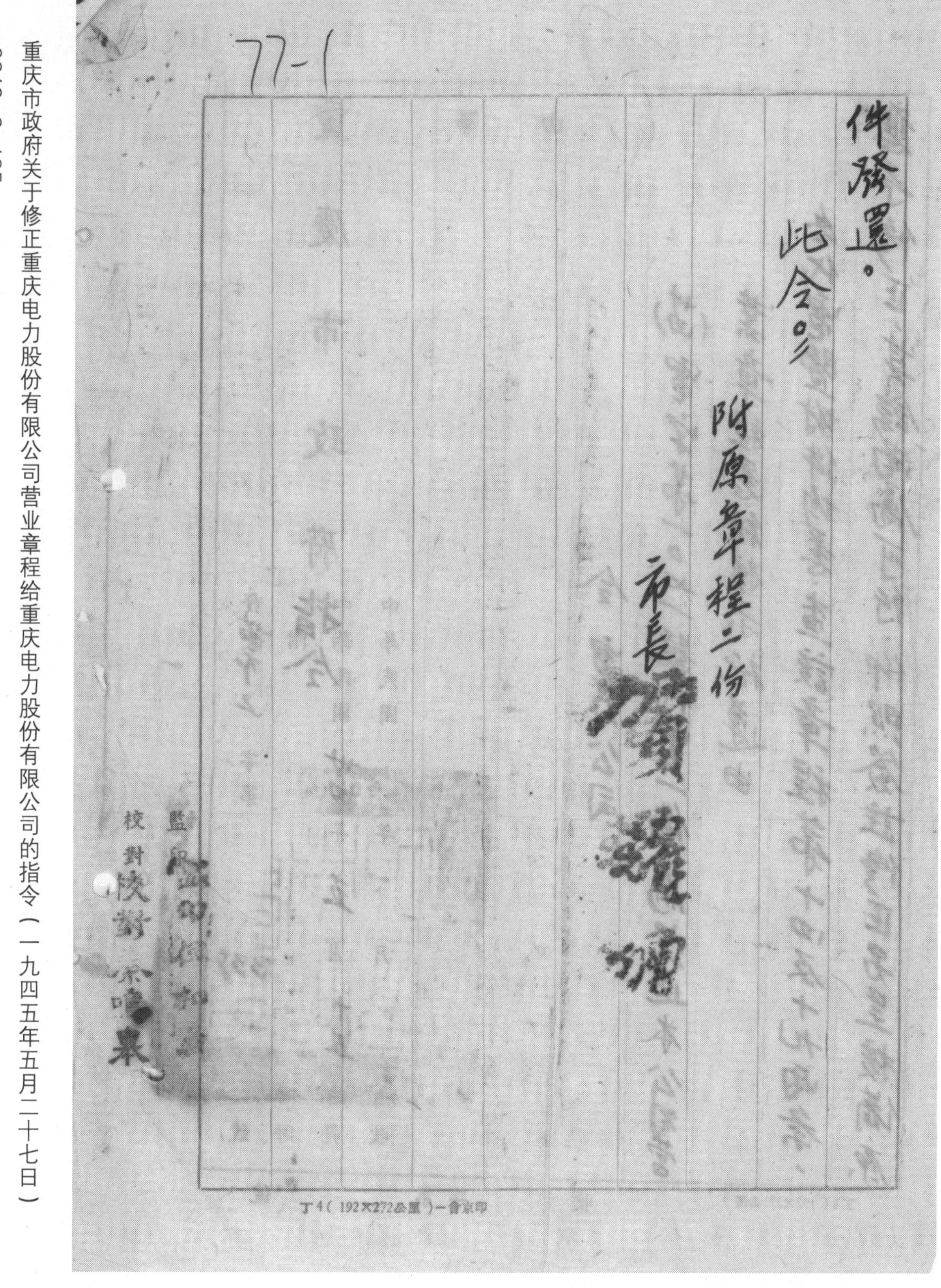
77-1

件發還。

此令。

附原章程二份

市長 賀耀組

監印

校對

丁4（192×272公厘）一會京印

重庆市电气承装业管理规则（一九四七年九月三十日） 0219-2-186

重慶市電氣承裝業管理規則

第一條 凡在本市經營電氣承裝業無論其為商店或其他類似之組織均須依照本規則之規定辦理

第二條 本市電氣承裝業執照分甲、乙、丙三等

甲等：凡請領甲等電氣承裝業執照者須具下列各項資格

(一)技師：負責辦理電氣承裝事項之技師須執有中央主管部會頒發之電氣技師執照者

(二)資本：須有三百萬元以上之資本並有固定營業地址者

(三)電匠：所用之電匠須執有公用局發給之電匠執照

(四)舖保：須具有資本叁百萬元以上之舖户保證

乙等：凡請領乙等電氣承裝業執照者須具下列各項資格

(一)技師：負責辦理承裝電氣事項之技師或技副須執有中央主管部會

領發之電氣技師或電氣技副執照者

（二）資本：須有式百萬元以上之資本並有固定營業地址者

（三）電匠：所用之電匠均須執有公用局發給之電匠執照

（四）舖保：須具有資本式百萬元以上之舖户保證

丙等：凡請領丙等電氣承裝業執照者須有下列各項資格

（一）技術負責人：曾經公用局考驗及格并領有執照之電匠

（二）資本：須有五十萬元以上之資本并有固定營業地址者

（三）舖保：須有資本五十萬元之舖户保證

第三條　凡電氣承裝業領有丙等執照者不得承裝五十萬元以上之電氣工程領有乙等執照者不得承裝式百萬元以上之電氣工程

第四條　電氣承裝業之領照登記手續如左：

重庆市电气承装业管理规则（一九四七年九月三十日） 0219-2-186

先向公用局領取聲請登記表資金總額舉報附副申請單股東名冊及保證書依式逐項填寫經審查合格隨繳納保證金計甲等陸萬元乙等四萬元丙等貳萬元執照費甲等壹仟元乙等捌百元丙等陸百元印花費弍元持向社會局聲請商業登記

前項保證金得於請求停止營業取銷登記時申請公用局無息發還之

第五條 凡未經公用局及社會局發給證照者不得在本市經營一切電氣承裝事業

第六條 電氣承裝業為用户裝置電氣設備須遵照屋內電氣裝置規則辦理

第七條 電氣承裝業須售用新電料如有舊電料可利用時必須完好安全并經報請公用局派員查驗認可後方可使用

第八條 電氣承裝業所雇用之電匠均須執有公用局發給之電匠執照方得外出工作

第九條 電氣承裝業得酌用學徒但學徒不得單獨外出工作

第十條 電氣承裝業遇有遷移地址時須分別呈報公用

局及社會局稽查

第十一條 電氣承裝業對於所雇學徒及電匠應負監督之責倘經發覺代替用户竊電或其他不法行為應受連帶處分

第十二條 電氣承裝業遇有更換牌號及更換負責人或內部組織時應繳銷舊有照証換領新照證

第十三條 電氣承裝業遇有電匠解雇時須呈報公用局備查在呈報以前該電匠一切行為仍由該承裝商負責

第十四條 已領照之電氣承裝業如違犯左列情形之一項時公用局得依情形之輕重予以暫行停業或吊銷執照並得沒收其保證金之一部份或全部份等處分

（一）私自代非用户接電者

（二）私自代未經公用局核准之用户承裝電氣設備及與公用局核准情形不符者

（三）填報營業及工程情形與實際不符者

（四）執照遺失或組織變更不即行聲請補發或換

重庆市电气承装业管理规则（一九四七年九月三十日） 0219-2-186

照者

（五）承裝工作不遵照屋內電氣裝置規則辦理者

（六）經售不合格之劣料或未經驗可之舊料或禁止使用之電料者

（七）雇用之電匠及學徒有擅為接電或協助及通同用户竊電經查明屬實者

（八）包庇未經領照之電氣承裝商人或無執照之電匠營業者

第十五條　本市公私用户用電無論其電量之大小其裝置為電灯馬達電焊及其他電力電熱電化等均須先由承裝商（或用户）向公用局申請經審查核准發給「用電核准通知單」後方得裝置

第十六條　電氣承裝商於每項工程完竣應報請公用局會同電力公司派員查驗認可給證後方得接電

第十七條　電氣承裝商應於每月上旬內依照公用局規定表格將上月份營業月報表及工程等月報表填報公用局備查

第十八條　本修正規則自市政府公佈之日起施行

（本規則每份收工本國幣　元）

重庆电力股份有限公司章程（一九四八年四月二十八日） 0219-2-103

重庆电力股份有限公司章程（一九四八年四月二十八日） 0219-2-103

重慶電力股份有限公司章程

三十七年四月二十八日股東會修正通過

第一章 總綱

第一條 本公司奉重慶市政府命令發起集資創辦復經市政府核定價格立約收買前燭川電燈公司繼承其各項產業及專營權利依法呈請建設委員會及實業部備案

第二條 本公司專售電光電力電熱於重慶市區域內有專營權他人不得為同業之競爭如受用戶之要求並得於巴縣江北兩縣境內推廣營業

第三條 本公司依照公司法股份有限公司而組織故定名為重慶

四川省政府財政廳印刷所代印

電力股份有限公司自刊圖記以昭信守

第四條 本公司廠址設重慶市新市區大溪溝公司營業地址設重慶城内

第五條 本公司營業年限定為三十年期滿得繼續呈請展定

第二章 股份

第六條 本公司股本總額為國幣貳百萬元以壹百元為一股共計貳萬股

第七條 本公司股本除由重慶市政府認入官股叁千股外餘由發起人認募足額

重庆电力股份有限公司章程（一九四八年四月二十八日） 0219-2-103

第八條　本公司股本概以現金一次繳納不得以勞力及財產作股

第九條　本公司股票為記名式分一股十股一百股三種各附息單為支取息金之據

第十條　凡股票之過戶依公司法一百一十七條一百二十四條辦理但不得轉賣於非中國人在開股東會前一箇月內及開會期中不得過戶

第三章　股東及發起人權利

第十一條　股票如有遺失應將號數報明公司一面自行登報三月如無支節再由公司換給新票

二

四川省政府財政廳印刷所代印

第十二條　本公司開股東會時到會股東每一股有一議決權在十一股以上者每二股有一議決權如入股數及代表股數過多者其議決權不得逾全股總數五分之一

第十三條　股東入股至四十股者有被選董事權十股者有被選監察人權

第十四條　本公司發起七人其名字住址如下潘仲三住重慶曾家岩植廬劉航琛住重慶白象街一百二十四號石體元陳懷先均住重慶曾家岩誠實山莊康心如住重慶定遠碑十二號傅友周住重慶小較場逸公祠胡仲實住重慶蹇家橋四十

重庆电力股份有限公司章程（一九四八年四月二十八日） 0219-2-103

入號

第十五條 前條之發起人經股東會議决每年於純益內提百分之五
作爲永遠酬勞金由七人平均分受另立執券爲據

第四章 組織

第十六條 本公司設董事九人由股東記名投票公舉八人代表股東
由重慶市政府指派一人代表官股

第十七條 由各董事互選董事長一人常務董事四人董事任期三年
期滿得連舉連任

第十八條 本公司設監察人五人由股東記名投票公舉四人重慶市

政府指派十人任期一年期滿得連舉派連任

第十九條　本公司設總經理一人如業務發達時得添設協理一人由董事會聘任辭退時亦同

第二十條　本公司設總工程師一人由總經理聘用函董事會備案

第二十一條　本公司設左列各科

一總務科　設科長一人科員若干人

二會計科　設科長一人科員若干人

三業務科　設科長一人科員若干人

四工務科　設科長一人工程師科員工匠若干人

重庆电力股份有限公司章程（一九四八年四月二十八日） 0219-2-103

第二十二條　工務科長得由總工程師兼任各科於必要時得添設副科長一人並得酌用僱員及練習生

第二十三條　各科長員由總經理委用函報董事會備案

第五章　權責

第二十四條　董事長常務董事均得代表公司主持一切事務但有重大事件關係公司全部利害者須由董事會會議決之

第二十五條　董事會議每月至少須開一次其開會日期由董事長決定七日前通知

第二十六條　監察人得單獨執行監察公司財產帳據營業情形

四　四川省政府財政廳印刷所代印

第二十七條　總經理協理承董事會之意旨担任公司完全責任並考核進退各級職員

第二十八條　各科服務規程由總經理擬定交董事會議決施行

第六章　經費

第二十九條　各董事監察人之薪金由股東會決定總經理以下各級職員之薪金由董事會決定

第三十條　本公司經常費用由總經理製定預算函交董事會議決臨時費用隨時條交董事長或常務董事決定

第七章　利益之分配

第三十一條　本公司股東官息定爲每年八釐

第三十二條　本公司每年總結算時所有利益除一切開支提存財產折舊及公積金外餘存純益按百分率比例分配以五分酬勞發起人五分酬勞董監二十分酬勞辦事人七十分爲股東紅利

第八章　股東會

第三十三條　本公司每年開股東大會一次於總結算後由董事會召集之

第三十四條　本公司於必要時經董事會之决議或有股本總數二十分

五

四川省政府財政廳印刷所代印

之一以上股東之請求者均得召集臨時會

第九章 附則

第三十五條 本公司之公告方法除以書面通知外並指定重慶商務日報濟川公報隨時登載公布

第三十六條 本公司供給電氣章程悉遵部頒取締電氣事業條例規定呈由主管官署備案

第三十七條 本章程未盡事宜悉遵公司法股份有限公司之規定辦理

第三十八條 本章程經股東會議决呈由主管官署核准施行修改時亦同

重庆电力股份有限公司组织规程（一九四八年六月十八日）　0219-2-103

18

重慶電力股份有限公司組織規程

重庆电力股份有限公司组织规程（一九四八年六月十八日） 0219-2-103

重慶電力股份有限公司組織規程

中華民國三十七年六月十八日
第一〇六次董事會議通過

第一章 總則

第一條 重慶電力股份有限公司（以下簡稱本公司）組織規程根據本公司章程訂定之

第二條 本公司設總經理一人綜理本公司全部事務設協理一人襄助總經理行使職務

第三條 本公司設總工程師一人秉承總協理負責處理工程事務

第四條 本公司設廠務科綜理廠務並分設第一廠於大溪溝第二廠於南岸第三廠於鵝公岩並於南岸江北沙坪壩各設辦事處

前項機構之增減移併視業務之繁簡與事實之需要由總經理提請董事會議決

第五條 本公司得應事實需要延聘顧問及專員

第六條 本公司於必要時得設立各種委員會其組織另訂之

第二章 總公司

第七條 本公司設左列各室科組

總工程師室 秘書室 稽核室 總務科 廠務科 電務科

業務科 會計科 用電檢查組

第八條 本公司組織系統如左

（另表）

第九條 總工程師室之職掌如左

一、關於各科組處有關工程之指示監督改進及審核事項

重庆电力股份有限公司组织规程（一九四八年六月十八日） 0219-2-103

16

二、關於擴充工程之設計估值及工程進行期間之監督攷核事項
三、關於配購材料之建議及審核事項
四、關於工程設備單獨估計及審核事項
五、關於工程業務契約之審核事項
六、關於工程人員之指揮調遣考核事項
七、關於技術人才之聯絡及培育事項
八、其他關於工程事項

第十條總工程師室得設主任工程師協助總工程師處理工程一切事務並得設工程師工務員必要時得由總工程師商承總經理臨時指調各科廠處人員辦理該室事項

第十一條秘書室之職掌如左
一、關於印章之保管啓用及各室科組圖章之刊發事項
二、關於文電規章之收發編擬審核繕寫校對及保管事項
三、關於會議記錄通報事項
四、關於宣傳及編譯事項
五、關於職工進退升調考績之登記通告及其他有關人事事項
六、關於職工保證之考核事項
七、關於總協理交辦事項

第十二條總務科之職掌如左

10

一、關於薪工之領發事項
二、關於燃料材料物品之購運收發保管盤存及登記事項
三、關於房地產之管理事項
四、關於警衛之管理事項
五、關於一切庶務及不屬於各科室事項

第十三條 廠務科之職掌如左
一、關於所屬各廠有關工程之指示改進審核及報告事項
二、關於發電統計及成本計算事項
三、關於燃料水質之化驗事項
四、關於所屬職工之管理及編造工帳事項
五、其他關於機務事項

第十四條 電務科之職掌如左
一、關於各辦事處有關電務之指示改進審核及報告事項
二、關於通訊線路及設備之施工管理及修理事項
三、關於輸電線路配電設備之查勘設計估價及施工事項
四、關於線路之管理檢查整理及修理事項
五、關於變壓器及配電設備之管理檢查及修配事項
六、關於用戶電表之校驗裝置及修理事項
七、關於用戶電氣設備之檢查及接電事項

18

八、關於所屬職工之管理及編造工帳事項

九、其他關於電務事項

第十五條 業務科之職掌如左

一、關於各辦事處有關業務之指示改進審核及報告事項

二、關於業務之接洽及推廣事項

三、關於業務之調查及統計事項

四、關於用户記錄及抄表事項

五、關於電費之計算及經收事項

六、關於電料商號之註册事項

七、其他關於業務事項

第十六條 會計科之職掌如左

一、關於現金之出納及單據之保管事項

二、關於帳目之登記及預算決算之編造事項

三、關於服務事項

四、關於統計事項

五、其他關於會計事項

第十七條 稽核室之職掌如左

一、關於各項收支之審核及稽查事項

二、關於各項工程及材料稽核事項

三、關於各項契約行為之審訂事項

四、關於總協理交辦事項

第十八條　用電檢查組之職掌如左

一、關於無表及避表用電之取締事項

二、關於竊電用户應賠電費之計算及征收事項

三、關於有關竊電案件之交涉及訴訟事項

四、關於有關竊電之調查統計事項

五、關於欠費剪火之協助事項

六、關於本公司職工用電之管理事項

七、關於協助檢查憲警之調遣與連絡事項

八、關於所屬職工之管理及編造工帳事項

九、其他有關用電檢查事項

第十九條　各室設主任一人各科設科長一人組設組長一人秉承總協理辦事各該室科組事務並得視事務繁簡酌設秘書助理秘書副主任副科長副組長輔助主任科長組長辦理該室科組事務

第二十條　各室科設股處理事務每股設股長一人秉承該室主任該科科長副主任副科長分掌該股事務事務較繁之股得設副股長

第二十一條　各科組設工程師工務員科員見習視各該科組股事務之繁簡酌派之

第二十二條　用電檢查組因事務上之需要得分區設組檢查

重庆电力股份有限公司组织规程（一九四八年六月十八日）　0219-2-103

20.

第三章　各廠

第二十三條各廠之職掌如左

一、關於發電設備之運用改進管理檢查及修理事項

二、關於燃料之節用報告事項

三、關於發電記錄事項

四、關於所屬職工之管理及編造工帳事項

五、其他有關廠務事項

第二十四條各廠設股處理事務每股設股長一人秉承科長或副科長分掌該股事務

第二十五條各廠設工程師工務員科員見習視各廠事務之繁簡酌派之

第四章　各辦事處

第二十六條辦事處設主任一人主持該處事務事務較繁之處得酌設副主任

第二十七條各辦事處之職掌如左

一、關於所屬區內業務之接洽推廣事務

二、關於所屬區內用户之記錄事項

三、關於所屬區內用户電表之裝置事項

四、關於所屬區内用户電氣設備之檢查及接電事項

五、關於委辦之電務工程事項

六、關於所屬職工之管理及編造工帳事項

12

七、其他關於處務事項

第二十八條　各處設股處理事務各股設股長一人秉承主任分掌該股事務

第五章　附則

第二十九條　各科室組處辦事細則另定之

第三十條　本規程提經董事會議決施行修改時同

重庆电力股份有限公司新机建设委员会组织大纲（一九四九年三月二十二日）　0219-2-307

229

重慶電力公司新機建設委員會組織大綱

三十八年三月二十二日臨時董事會通過

（一）本公司承資源委員會合作增加五千瓩發電設備一套為求加強工作效率早日完成發電並與公司原有資產劃分清楚起見特組織本委員會管理新機一切事務

（二）本委員會為達成上項任務依左列組織分組辦事以專責成

委員會……主任委員——設計組、工程組、財務組、事務組

（三）本委員會委員定為九人由總經理就本公司各有關單位高級職員中調任之委員及各組組長名單如次：

主任委員　副主任委員　委員
設計組長　工程組長
事務組長　財務組長

（四）主任委員綜理本委員會一切事務由副主任委員佐理之

（五）設計組之執掌如左

（1）主持新機一切有關工程設計

乙、核定新機工程計劃交工程組實施

丙、監督並糾正全部建設工程

丁、主持技術會議

（六）工程組之執掌如左

甲、依照設計組核定之工程計劃主管新機建設一切工設之完工事宜

乙、辦理新機到渝起卸事宜

丙、督導材料股保管新機到渝器材

（七）財務組之執掌如左

甲、主管新機建設一切有関財務事宜

乙、辦理新機一切賬務事宜

（八）事務組之執掌如左

甲、主管新機建設一切有關文書事宜

乙、辦理新機工程一切庶務及物資供應事宜

（九）委員會開會時由主任委員主席主任委員因事缺席時由副主任委員代理之

（十）委員會開技術委員會時由設計組長主席設計組長因事不能出席時由工程組長代理之

（十一）各組召集組務會議時應分別通知有關委員列席

（十二）各組必須辦事人員就公司現有各部人員兼任或由主任委員臨時調派

重庆电力股份有限公司各厂、处、科担任技术工作职员过时工作奖励办法上程本臧的呈（附办法）（一九四九年七月四日）

0219-2-286

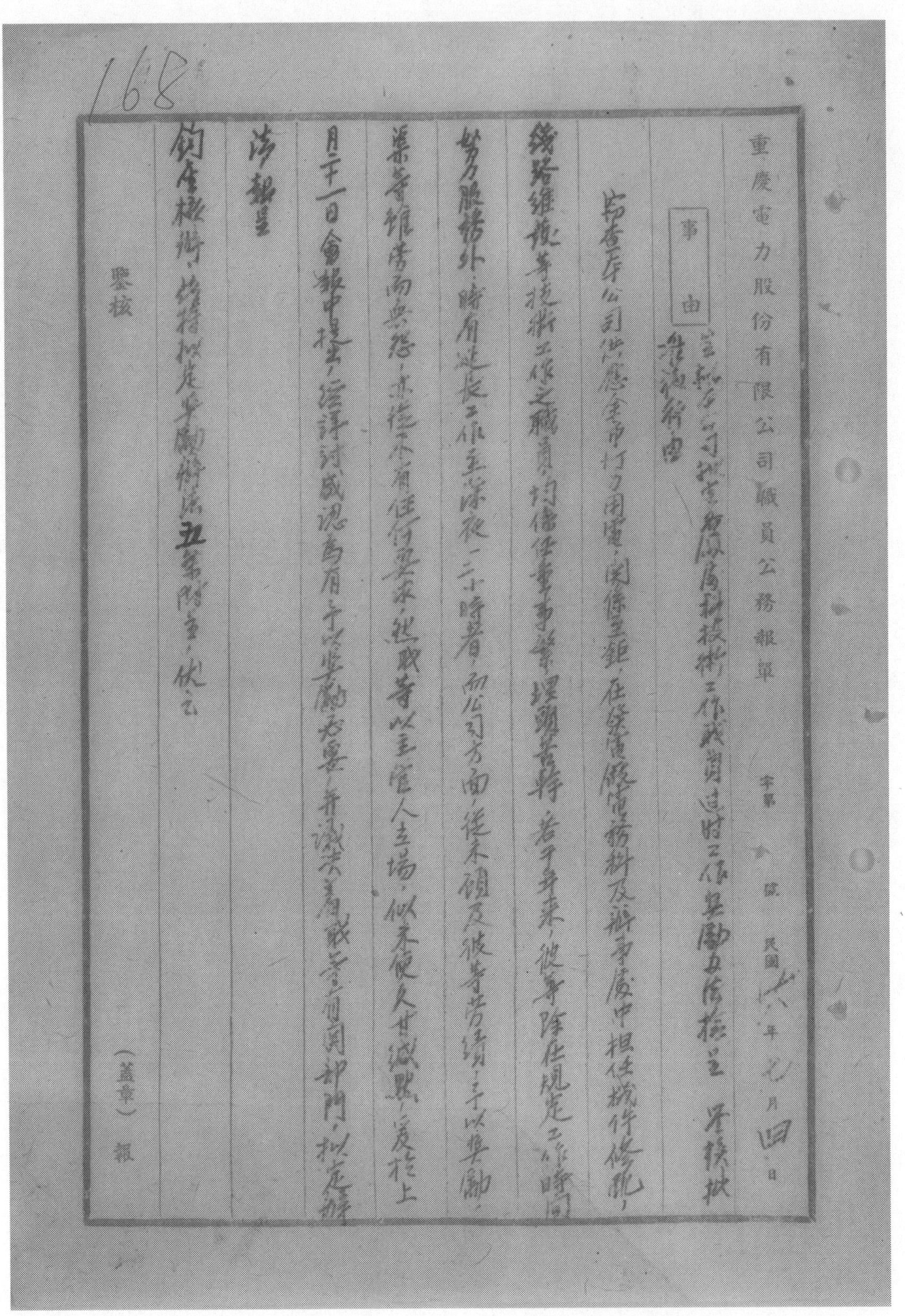

168

重慶電力股份有限公司職員公務報單　字第　號　民國卅八年七月四日

事由：呈報本公司擬定各廠處科技術工作職員過時工作奬勵办法擬呈　呈核批准施行由

竊查本公司供應全市燈力用電，關係至鉅，在發電修電廠務及辦事處中担任機件修配、線路維護等技術工作之職員，均係任重事繁，埋頭苦幹，若干年來，彼等除在規定工作時間努力服務外，時有延長工作至深夜一二小時者，而公司方面，從未顧及彼等勞績，予以奬勵，渠等雖勞而無怨，亦從不有任何要求，然職等以主管人立場，似未便久甘緘默，爰於上月十一日會報中提出，經詳討咸認為有予以奬勵之必要，并議決著職等會同有關部門，擬定辦法報呈

鈞座核衡，茲特擬定奬勵辦法五条附呈，伏乞

鑒核

（蓋章）報

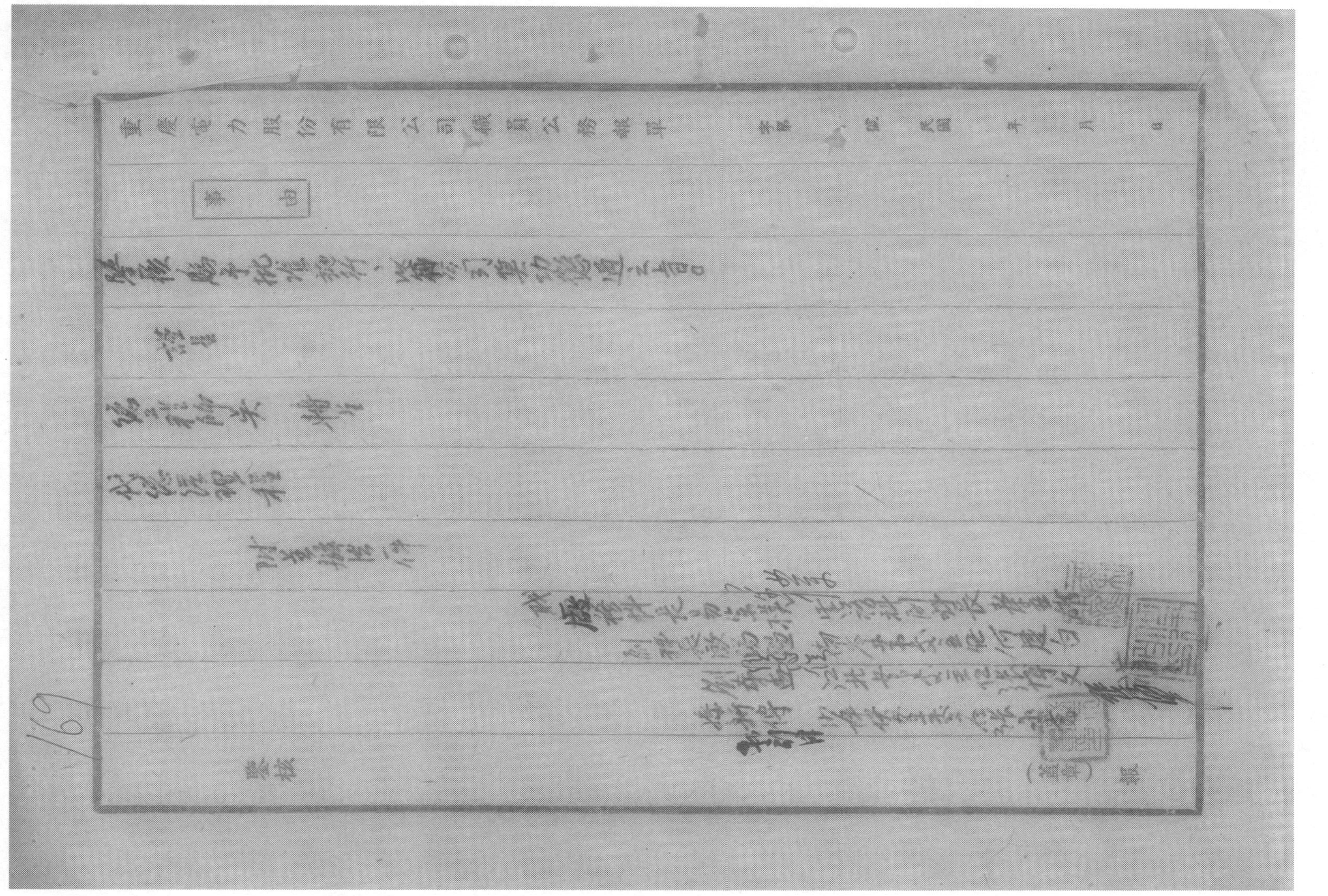

169

重慶電力股份有限公司職員公務報單

字第　　號　民國　　年　　月　　日

事由

擬懇賜予批准施行、以符公司獎功懲過之旨。

謹呈

總工程師吳　轉呈

總經理程

附呈辦法一件

鑒核

（蓋章）報

重庆电力股份有限公司各厂、处、科担任技术工作职员过时工作奖励办法上程本藏的呈（附办法）（一九四九年七月四日）

0219—2—286

重庆电力股份有限公司各厂、处、科担任技术工作职员过时工作奖励办法上程本藏的呈（附办法）（一九四九年七月四日）

0219-2-286

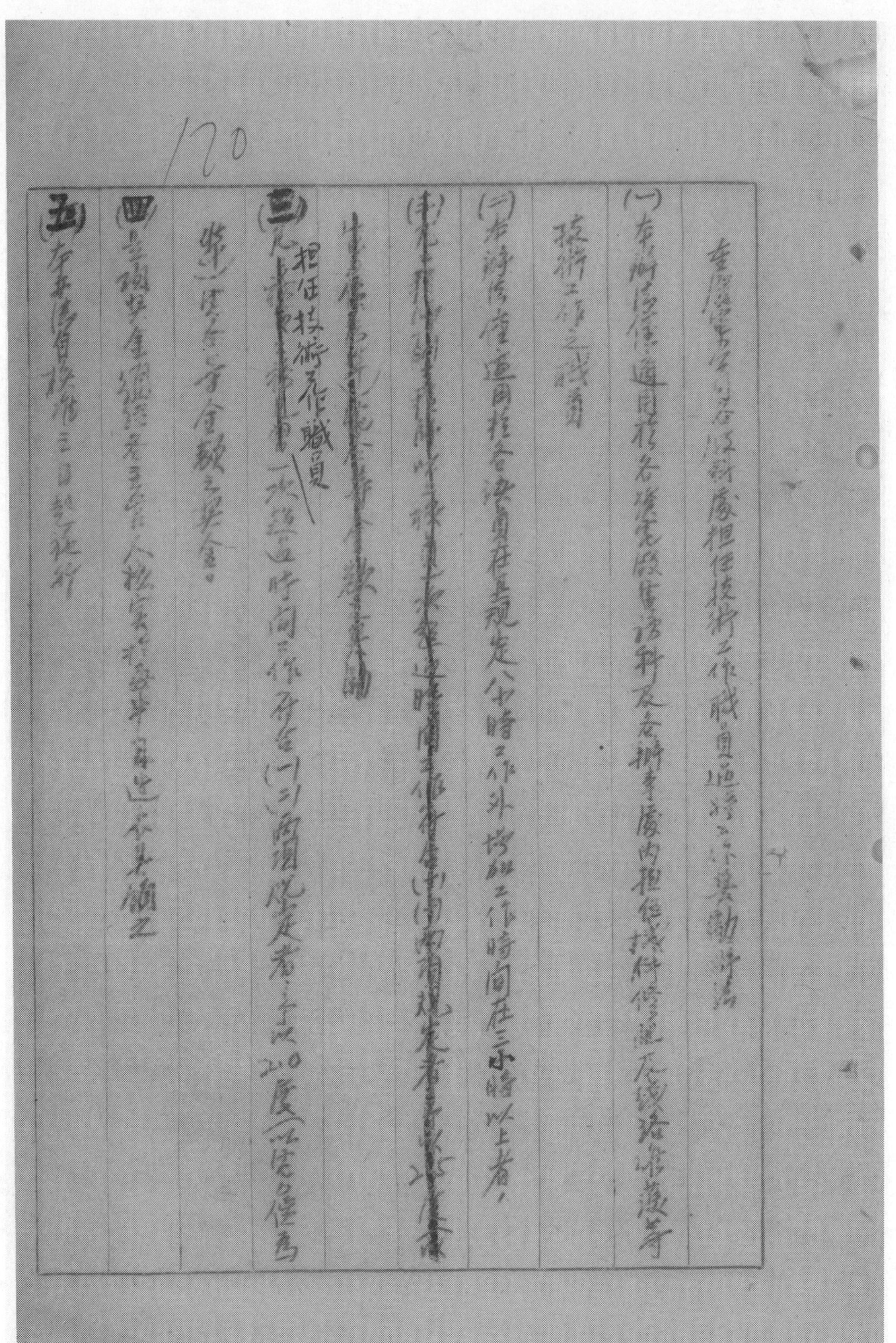

120

重庆电力公司各厂处科处担任技术工作职员过时工作奖励办法

(一)本办法仅适用于各[illegible]及[illegible]处内担任[illegible]修[illegible]及线路修[illegible]等技术工作之职员

(二)本办法仅适用于各该员在其规定八小时工作外增加工作时间在三小时以上者，

(三)凡担任技术工作职员一次超过时间工作符合(一)(二)两项规定者，予以210度(以[illegible]

[illegible])[illegible]全额之奖金。

(四)上项奖金须经[illegible]人核实[illegible]予[illegible]之

(五)本办法自核准之日起施行

重庆电力股份有限公司各科室、组值日暂行办法（一九四九年九月十二日）　0219-2-312

12

中華民國卅八年九月拾二日發出

38發文□字第1067號

重慶電力公司各科室組值日暫行辦法

一、本公司為便於辦公時間以外其他方面加強聯繫及應變隨時發生之意外事件保障公司之安全起見特訂定本辦法

二、應派值日之各科室為秘書室、會計處、業務處、總務處、稽核室、總公司職員由各科室組自行選派，又總務科指派收發室當番室負責辦理登記事項，總公司除各科室組分別值日外每日派司機一名係受命人輪流擔任值日，總機及列各單位係各營業處總務室為其他稽核室，稽核室為其他各科為各科各股附屬檢查組為一組，另由秘書室排定輪流值日名單呈報總經理備查

三、以上值日員以經派定者不得推諉或推讓

四、值日時間如下：

（甲）平時為每日下午公司辦公時間終了時開始至次日上午公司辦公時間開始時終止

（乙）例假分為日夜兩班日班為上午九時起至下午五時止夜班自下午

重庆电力股份有限公司各科室、组值日暂行办法（一九四九年九月十二日） 0219-2-312

之時起至翌日上午公司辦公時間開始時止

五、值日員如遇有關於外來請求或詢問事件者，應負責答復或辦理之責，但遇重大事件不能解決者，由總值日電話報請總協理或總工程師核示辦理，如電話發生障礙，得由總值日相機處理

六、值日員如遇發生火警或緊急事故時，應召集廠警、總值日員各該主管人員，並督飭值日員工，儘先搶救公物、檔卷、簿冊，以免公司資產受損

七、總值日及各課值日應將當值所辦事件分別紀錄於值日紀事冊內，交次值日轉移，並於次日下班時間交還由總務課負責保管，並由總值日紀事冊呈送總經理核閱

八、值日員係為保障公司及全日服務，得不支任何津貼，惟例假日輪派值日得照本公司員工加班辦法加發加班規定支領津貼外，次晨值後得告假半天

九、值日員在值日時間內如有重要事件因延誤要事者，得按情形輕重分別處罰

十、本辦法自總協理核准之日起施行

040

營業股

重慶電力股份有限公司人事規則

祕書室人事股

民國三十八年十一月

重庆电力股份有限公司人事规则（一九四九年十一月）　0219-1-1

40-1

目錄

40-2

目錄

重庆电力股份有限公司人事规则（一九四九年十一月） 0219-1-1

40-3

重慶電力公司職員任免規則

三十一年十月廿日第七十次董事會通過

第一條 本公司職員之任免除本公司組織規程另有規定外依照本規則辦理

第二條 本公司工務人員具有左列規則之一者

1 國內外大學電機系或機械系畢業者

2 曾在電力廠或機器廠担任技術工作服務在五年以上者

3 高等工業學校畢業者

第三條 本公司非工務人員以具有左列資格之一者

1 國內外大學或高中學校畢業者

2 曾在事業機關服務三年以上而有辦事經驗者

第四條 本公司全體職員除總工程師由總經理聘任函董事會備案外其餘概由總經理任免之

第五條 各科室廠處之職員得由各該科室廠處之主管陳請總經理任免之

第六條 職員之任用分左列三種

1 聘任 聘任總工程師時用之

2 遴派 任用各科科長各室廠處主任及主任工程師時用之

3 委派 任用聘任遴派以外各職員用之

重慶電力公司職員任免規則 一

40-4

重慶電力公司職員任免規則 二

第七條 職員之免職分左列五種

1辭職 自請辭去職務者

2停職留資 因疾病或其他不得已之事故而停止職務保留資格者

3裁遣 因裁併或減縮而裁遣者

4解職 依本公司職工獎懲規程之規定解除職務者

5開除 依本公司職工獎懲規程之規定開除職務者

第八條 停職留資之期限視其疾病或事故之輕重年資之深淺成績之優劣定之至多以一年爲限

停職留資之職工在核定期間以內得隨時申請准回公司服務逾期以辭職論

第九條 本規則經董事會議決施行

重庆电力股份有限公司人事规则（一九四九年十一月） 0219-1-1

重慶電力公司職工保證規則

三十三年六月廿日
八十一次董事會通過

第一條 本公司職員及工友除聘任之職員或經總協理特許免保者外均須取具保證書其書式另訂之

第二條 辦理會計經管物品及有關現金出納之職員管理物品及傳送現金票據之工友其保證人之資格如左

1殷實商號工廠

2工商業界有信譽之人士

第三條 前條以外之職工其保證人之資格除適用前條規定外並得以左列之資格爲保證人

1現任政府機關荐任以上之職員

2有正當職業及有信譽之人士

第四條 保證人之服務或居住地點及商號工廠開設地點以在重慶市區內便於調查對保者爲限

第五條 職員之直系親屬及配偶兄弟姊妹不得爲各該職工之保證人

第六條 本公司之職工不得互爲保證人但小工學徒茶役如確實不能覓具妥保者得由本公司職員技工五人連帶保證

第七條 每一保證人對於本公司職工不得同時爲三人以上之保證人本公司職員技工連帶保證者亦同

第八條 職員保證書一份工友保證書同式二份應由保證人親自塡寫並簽名蓋章其以商號工廠作保者

重慶電力公司職工保證規則

應由經理簽名蓋章並加蓋該商號工廠之正式印章

第九條　保證書應由被保人依法貼足印花稅票

第十條　保證書送祕書室審查合格後即由祕書室派員對保經保證人在原書內復加簽蓋後再陳總經理核准將職員保證書交祕書室工友保證書以一份交祕書室以一份交工作部份存查

第十一條　保證書成立後如發現保證人有不適當情事得由祕書室隨時通知被保人更換之其舊保證書須俟新保證書經過前條規定手續後始由祕書室發還

第十二條　保證書成立後每年應復查一次由祕書室函知保證人限期函復聲明或由祕書室人事股持書赴保證人所在地復查應由保證人在原書內加以簽蓋

第十三條　被保人變更職務或服務所在地時保證人不變更保證責任

第十四條　保證人如欲聲明退保須直接以書面通知本公司即由祕書室通知被保人覓換新保俟新保證書辦妥將原保證書發還後始能解除保證責任其依本規則第六條規定由五人連帶保證者如內中有一人聲明退保者即視同全體退保

第十五條　保證人原簽蓋於保證書之簽字或印章如有變更或作廢時須直接以書面通知本公司並換發新保證書在新保證書未辦妥前原保證書仍舊有效其依本規則第六條之規定由五人連帶保證者如內中有一人聲明更換得在原保證書上另行簽蓋

第十六條　保證人之職業住址或其服務地點及商號工廠開設地點或其經理住址如有變遷暨保證人如死亡遠去或喪失保證能力時應報請更改或另行覓保其本規則第六條規定由五人連帶保證者如

重庆电力股份有限公司人事规则（一九四九年十一月） 0219-1-1

內中有一人離開公司應即換保

第十七條　職工離開公司自其離開之日起滿六個月始將其保證書發還在此期間如發現該職工有未清事件得隨時通知原保證人轉知前來清理否則保證人仍應負責

第十八條　職工離開公司後如再入公司服務時無論保證書已否發還均應另具保證書

第十九條　職工在換保期間必要時得將其工作暫行停止俟換保手續辦妥再行恢復

第二十條　本規則經董事會議決施行

重慶電力公司職工保證規則　五

重慶電力公司職工服務規則

中華民國三十一年十月廿日第七十次董事會議通過

第一條 本公司職工服務公司應忠勤謙廉對於本公司一切章程規則應恪守勿渝

第二條 職工除公司規定休假日外應依公司辦事時間逐日准時辦公不得遲到早退其指定值班者並應依照指定之時間到值時應親筆簽到

第三條 職工經辦事務應隨時提辦不得積壓如須當日辦畢者並應延長時間辦理之

第四條 外勤職工經辦事務隨時由主管依照事實限定時間支配辦理逐日考核並按日陳報總經理

第五條 職工在辦公時間內非經主管之允許或請假不得擅離職守

第六條 職工如有意見應披誠陳述以供採擇並應服從上級職員之指導

第七條 職工對於用戶應謙和誠懇不厭繁瑣對於用戶委辦事件尤應周妥敏捷

第八條 職工對於公司之一切器材設備及材料煤觔日用消耗品等應刻意愛惜撙節不得損傷浪費

第九條 職工無論故意或過失致公司受損害時除照職工奬懲規則辦理外並應負賠償之責

第十條 職工對於用戶不得有職務以外之行爲或舞弊營私情事

第十一條 職工不得兼任公司以外職務但經總經理核准者不在此限

第十二條 職工不得任意告退如因不得已之事故必須辭職時應陳總經理之核准

第十三條 職工調職時應迅予接替不得藉故推諉其應行交代人員亦不得藉故遲延

第十四條 本規則經董事會議決施行

重慶電力公司職工請假規則

三十年六月廿日第八十一次董事會通過

第一條 本公司職工請假悉依本規則辦理

第二條 核准請假權限如左

總工程師請假由總經理核准函董事會備案秘書正副科長及各室組處廠正副主任請假由總經理核准

其餘職工請假在三日以內者由主管人核准三日以上者由主管人核轉總經理核准

第三條 請假期限如左

事假：臨時發生事故或因事回籍必須請假時得請事假每年積計不得逾廿日其在七月以後到職者不得逾十日逾限按日照扣薪工津貼請假回籍者其往來旅程日數得不計入

病假：因疾病請假者每年積計不得逾一個月其在七月以後到職者不得逾十五日逾限得以事假所餘日數作抵逾一個月者給薪工津貼四分之三逾二個月者給薪工津貼半數逾三個月者給薪工津貼四分之一逾四個月者停薪逾六個月者停職但因公受傷並經特准者不再此限其因花柳病鬥毆致傷或戒吸毒物請假或因公受傷未經本公司醫師診斷證明必須休養而自願休養者均以事假論

婚喪假：因結婚請假者不得逾十日因喪事請假者父母或承重喪不得逾廿日祖父母或配偶喪

40-10

不得逾十五日但均得按其往來旅程請求加給日數逾限按日照扣薪工津貼

生育假：女職員因生育子女請假者[illegible]不得逾一個月逾限按日照扣薪津

第四條　職工請假應依式填具請假單敍明事由起訖日期時間及代理人姓名由本人及其代理人簽名或蓋章陳經准假後送人事股登記各辦事處及發電廠應具備請假單正副兩張經核准後正張送人事股登記副張送還主管部份存查

第五條　假期內之代理人以辦理事務相同之同人爲限主管認爲必要時得逕行派人代理

第六條　假期內之星期日及其他例假日免予計算其在星期日及其他例假日曾經值日不以加工計資者得照其值日日數減少因假期逾限應扣之薪工津貼

第七條　請病假在三日以上者應先經本公司醫生或其他註冊醫生出具證明書連同請假單陳核

第八條　確因急事或重病不能親到請假者應於當日以書面或其他方法託由公司同人代理職務並代填請假單陳核

第九條　假期屆滿不得到職者得聲明理由續假續假手續與請假同

第十條　凡未經請假請假未經核准或雖經核准而未將職務移交代理人擅離職守及假期屆滿並未核准續假亦不到職者均以曠職論曠職一日以事假二日論

第十一條　本規則經董事會議決施行修改時亦同

重庆电力股份有限公司人事规则（一九四九年十一月） 0219-1-1

40-11

重慶電力公司職工卹養規則

三十八年八月廿二日第一〇八次董事會通過

第一條 本公司職工卹養金分下列三種
一，撫卹金 二，贍養金 三，退職金

第二條 職工服務一年以上者而在職死亡時除按其最後一月薪津所得發給兩個月作爲喪葬費外並依下列標準核給撫卹金

服務年限	1	2	3	4	5	6	7	8	9	10	11	12	13	14	15	16	17	18	19	20
核給月數	1	2	3	4	5	6	8	10	12	14	16	18	20	22	24	26	28	30	33	36

上項撫卹金按其最後一個月薪津所得全數計算服務廿年以上者每多一年即加給三個月

第三條 職工服務十年以上具有特殊勞績而在職死亡時除按前條規定核給喪葬費及撫卹金外得由總經理提請董事會核給特別撫卹金

第四條 職工因公殉職時除按本規則第二條規定核給喪葬費及撫卹金外並加給其最後一年薪津額之撫卹金具有特殊勞績或因冒險救護公司財產以致殉職者得由總經理提請董事會核給特別撫卹金

第五條 撫卹金由死亡職工之法定繼承人具領

重慶電力公司職工卹養規則 九

40-12

重慶電力公司職工卹養規則　　一〇

第六條　職工因公傷殘肢體經醫師診斷並由本公司查驗認爲確已不能工作自願退職者應照原薪按月發給百分之九十贍養金至死亡時爲止

第七條　職工因公死傷須由主管人將經過情形遞陳總經理查核

第八條　職工服務十年以上年逾五十精力已衰不堪任事自請退職者得依下列標準按月核給贍養金

一，服務廿年以上退職時薪津額全數

二，服務十五年以上不滿廿年者退職時薪津額百分之八十

三，服務十年以上不滿十五年者退職時薪津額百分之六十

職工年齡未逾五十而服務已滿廿年因久病衰弱經醫師證明須長期休養自請退職者得依第一項辦理

第九條　領贍養金之職工自退職之翌日起未滿三年死亡者得按本規則第二條之規定標準核給四分之三撫卹金三年以上未滿五年者核給二分之一撫卹金五年以上者不再給卹

第十條　領贍養金之職工應備具四寸半身照片一張繳由公司核發領款憑摺並留存印鑑

第十一條　職工領取贍養金自退職之翌日起至死亡之日止止領時應由其親屬繳銷取款憑摺違者一經查覺卽將其冒領數額加息追還

第十二條　職工服務十年以上因久病衰弱經醫師證明不堪任事自請退職者得依下列標準一次核給退職金具有特殊勞績者得由總經理提請董事會核酌加給

服務年限	10	11	12	13	14	15	16	17	18	19	20
核給月數	20	21	22	23	24	25	26	27	28	29	30

上項退職金按其最後一個月薪津總額計算服務廿年以後每多一年即加給三個月

第十三條 卹養金與退職金不得併給

第十四條 職工服務年限以實際到職之日起算其不滿一年之餘數如在半年以上以一年論其停薪留資者得將在職年月前後併計

第十五條 各項卹養金係按薪工及全月所得合併計算其他津貼如辦公費出勤費膳費值班津貼值日津貼加工及工友事假獎金等均不在內

第十六條 本規則由經理部份提請董事會議決施行修改時亦同

重慶電力公司職工卹養規則 二

40-14

重慶電力公司職工疾病醫藥規則　一二

重慶電力公司職工疾病醫藥規則

三十三年二月七日
臨時董事會通過

第一條　本公司設醫務室專為職工疾病時醫治所有醫治辦法及藥費負担悉依本規則辦理之

第二條　職工患病及受傷統由本公司醫務室免費醫治並免費供給普通藥品

第三條　職工因公受傷經各該主管確實證明並經醫師認為須送醫院醫治並報請總協理核准者所有住院醫藥費用概由公司負担

第四條　職工患病及受傷除因公受傷外主任醫師認為須送醫院醫治並報請總協理核准者所有住院醫藥費用概由公司負担百分之六十

第五條　凡核准送醫院醫治之職工副科長及工程師以上得住頭等病房股長及副工程師以下得住二等病房其自願改住二三等病房者聽便技工見習以下概住三等病房如願照規定住較高病房者所有超過費用由各該職工自理公司不予負担或分担

第六條　職工患病或受傷如不照本規則二三四條規定辦法就醫而擅自行覓醫者或住院者所有醫藥費用公司概不負担

第七條　花柳病及職工患病時發覺染有毒品嗜好者公司概不負担或分担

第八條　補藥補針及高貴藥品（可改用代替品者）公司概不供給或分担費用

第九條　職工應行負担部份之醫藥費用經查明屬實無力支付而又病勢嚴重者酌予借支惟以一個月薪工為限

重庆电力股份有限公司人事规则（一九四九年十一月）　0219-1-1

40-15

第十條　職工眷屬患病得就醫務室診治惟不供給藥品

第十一條　本規則經董事會議決公布施行之

重慶電力公司職工疾病醫藥規則　一三

40-16

重慶電力公司職工疾病住院醫治規則

三十八年十一月廿二日總經理核准

第一條 凡職工發生疾病或受傷過重非短時間所能痊愈或公司無治療設備得申請住院醫治

第二條 凡申請住院醫治之醫院均以本公司指定之醫院爲限

第三條 凡職工本人若係因公受傷者應由各科室主管人證明及醫師診斷均認爲必須住院醫治者由醫務室發給住院通知書再經主任醫師及各該部份福利委員認可蓋章送經理室核准後得辦理住院手續但福委會開會時仍須向大會提出報告追認之所需醫藥費用全由公司津貼

第四條 凡職工本人發生疾病申請住院者其手續次序與本規則第三條同惟公司僅能津貼全部醫藥費用百分之六十

第五條 凡職工眷屬因病申請住院醫治者其手續次序仍以本規則第三條辦理醫藥費用一項由該職工自理先行付給

第六條 凡患普通輕微疾病或不名譽之疾病者不得申請住院醫治

第七條 職工住院除由院方給予疾病上之必需藥品外不得配給補藥

第八條 職工住院之人數每月終由醫務室造册三份彙報福利社由福利社轉送一份請公司備查

第九條 職工住院如無必須者不得强迫要求醫師簽發入院證明書否則請由經理室嚴格處理

第十條 本規則如有未盡事宜得請福利委員會決議修改之

第十一條 本規則由職工福利委員會通過後公布後施行並呈報經理室備案

重庆电力股份有限公司人事规则（一九四九年十一月） 0219-1-1

重慶電力公司總公司值日暫行辦法（三十八年十一月一日業務會報通過）

第一條 本公司爲便於辦公時間以外與各方加强聯繫及處理臨時發生意外事件起見特訂本辦法

第二條 值日分下列三種

甲，總值日 乙，職員值日 丙，工役值日

總值日以主任祕書祕書助理祕書正副科長正副主任正副組長正副股長正副工程師等人員担任

職員值日以科員助理工程師見習工務員工務見習及僱員等人員担任

工役值日以茶役傳達等担任

第三條 總值日設一人職員值日各科室組共設四人由人事股按名册依次輪流每日懸牌公佈但業務科電務科總務科三科因主管事務對內對外關係重要如遇當日無以上三科職員當值時業務科電務科總務科必須由科長臨時指派值日一人以便處理本科緊急事務此外出納股經管事務應由該股自行負責不與值日員工相涉

第四條 工役值日人數由總務科酌定後由庶務股每日懸牌公佈

第五條 以上值日員工一經輪流派定不得藉故推諉如因事請假得請人代理（即以請假單上之職務代理人爲代理人）

第六條 值日時間如下

40-18

重慶電力公司總公司值日暫行辦法

第七條 平時每日下午公司辦公時間終了時開始至翌日上午公司辦公時間開始時終止例假分爲日夜兩班日班起訖時間卽平日辦公起訖時間夜班卽平時值班起訖時間

第八條 值班人員因公務上之需要得指派調用公司汽車司機顧警傳達茶役由總值日負責指揮總值日及值日暫以公司會議室爲聯席辦公地點夜班須十一鐘後始得就寢值日員工應均住宿公司所需床被等物由總務料置備

第九條 值日員工如遇用戶請求詢問通常事件者應婉爲答覆或負責處理之如遇重大事件不能解決者由總值日電話請示總協理總工程師辦理或相機電話通知主管部門辦理

第十條 各科室重要文件賬册票據應由各主管人於每日辦公終了時自行負責清理檢納入箱內關鎖加封放置適當地點以便值日員工臨時搬運

第十一條 如遇火警應由總值日督率值日指揮工役及顧警搶救處先搬運公物檔卷賬册各單位之卷箱共有若干遇警應如何搬運如何搶救始敏捷妥當平時應由庶務股妥爲籌劃並對工役詳細指示以免臨時忙亂

第十二條 總值日應將值班時間內發生或辦理各事紀錄值日簿內於次日值班時間終了時送總協理批閱後再行移交接班人

第十三條 爲鼓勵員工奉公精神值日員工不支津貼但在值班時如遇重大事件處理適當或發生火警搶救努力之員工得由總值日報請總協理優予獎勵例假日夜班值日得照本公司星期例假職工加班規定支領津貼由庶務股於每次值班後按名造册發給

40-19

第十四條 本辦法根據本年九月十二日公佈之值日暫行辦法將總公司部份加以改訂各廠處值日暫行辦法如需修改得另行簽請總協理核定之

第十五條 本辦法經總協理核准後施行

重慶電力公司總公司值日暫行辦法 一七

40-20

重慶電力公司職員簽到劃退辦法

三十七年七月份實行

一，本公司內外勤職員每日上午下午上班均須在主管科室組廠處簽到退班時並須劃退

二，簽到時間不得超過到公時間三十分鐘無特殊理由不得早退如遲到一次者或早退一次者申誡二次者扣全月薪津十分之一連續遲到或早退共滿三次者記過三次以上即行停職

三，簽到劃退均須本人簽字或蓋章不得請託他人代為簽蓋違犯本條規定之職員無論請託人被請託人一經查實均即行停職

四，簽到劃退完畢由主管人簽字並註明完畢時間屬於各廠處者於次日送呈總經理核閱屬於本公司各室科組之簽到劃退簿由人事股按時收集送呈總經理核閱

五，在各廠處工作之燃料股材料股醫務室人員即在本廠處簽到劃退並由本廠處主管簽字證明完畢時間同第四條之規定呈閱

六，外勤職員須外出接洽公務時應事先向主管人陳明事由以便考核如查出有未經陳明理由私出情事照第二條規定辦理

七，簽到劃退簿由各主管單位彙存保管備查

八，本辦法由總經理核准公佈後施行並呈報董事會備案

重庆电力股份有限公司人事规则（一九四九年十一月） 0219-1-1

40-21

重慶電力公司僱員臨工僱用辦法

三十七年七月十四日田總經理批「在未提交董事會通過以前如事實需要增加僱員臨工時可暫照本辦法辦理」

第一條　本公司各部門因工作需要得呈准總經理僱用臨時員工如工作不需要即予解僱

第二條　臨時僱用之職員稱僱員工人稱臨工

第三條　僱員臨工應照章填具保證書對於本公司職工服務應守規程一律適用

第四條　僱員臨工不得與本公司職工同樣享受職工福利

第五條　僱員臨工按月支給津貼自到公司之日起支僱員每月以一市石五斗米折合法幣發給臨工每月以一市石米折合法幣發給

第六條　僱員臨工服務勤勞者年終由總經理酌予批給獎金

第七條　僱員臨工解僱時除發給當月津貼外不再給遣散費

第八條　本辦法經董事會議決施行

64

重慶電力公司包燈供電暫行辦法

一、電力公司為便利軍政機關團體及兼顧重慶市加強管理用電暫行辦法之實施起見，故對於軍政機關及其公員宿舍住宅特訂包用電燈（以下簡稱包燈）辦法。

二、適用本辦法之軍政機關如左：

（甲）重慶綏靖公署及其附屬機關　（乙）重慶市政府及其附屬機關

（丙）陸軍第五軍區司令部及其附屬機關　（丁）重慶警備司令部

（戊）內政部警察總隊　（己）聯勤總部川東供應局

（庚）憲兵第二十四團

上列機關用電以電力公司現有幹線到達區域為限，如在擬縮小供電之區域內者，將來實行時電力公司得停供其電流，又如電力公司在任何區域實行總表制時，則該區域內之上列機關及公員應取消包燈制而併入總表內用電。

三、包燈內所需接戶材料應由自備，電力公司亦得照章收取接電費及包燈押本費。

四、包燈用電度數及電費之計算標準：

重庆电力股份有限公司包灯供电暂行办法　0219-2-292

1.包灯用電（每日自下午五時起至次日上午八時止）按每月三十日每日五小時計算

2.用電設備瓦特數之計算標準

（甲）用户所用灯泡照瓦特計算（最大一百瓦特最小以二十五瓦特為限）

（乙）每安培插座每一只照一百瓦特計算

（丙）吊扇每只照一百瓦特計算

3.核定每月用電度數之公式如下：

每月用電度數 KWH = 用電設備瓦特數(W) / 1000 × 20（天數）× 5（小時）

4.每月電費為每月用電度數乘當月第一級電價

5.如因机炉線路或其他意外發生故障致用電日數不足一个月時用户不得以任何理由要求減少電費（但電力公司設備增加供應正常之每月用電日數仍以三十日為標準）

6.包灯用户不得有左列情事

（甲）用電燒水煮飯及取暖　（乙）私行加添灯泡或插座　（丙）換用大灯泡

（丁）不按規定時間内用電　（戊）白晝用電　（己）接双火線用電

用户如違反以上規定由電力公司呈報主管當局照重慶市加强管理用電暫行

65

辦法處理

六、包灯户如需增添或減少用電設备時應先至電力公司辦理更改手續（換用電保証書及其它）俟此項手續完備後始得更改動其用電設备於每月十五日以前已完备更改手續者其當月電費依據更改後之用電設备計算於每月十五日以後完备更改手續者當月電費仍依據原有用電設备計算

七、包灯用户申請用電應由服務機關於報驗单上加盖印章以證明並須由商號服務機關或服務機關内之第一級单位保證如由商號保證須按電力公司表灯規定辦理如由服務機關或服務機關内之第一級单位保證時其保証事項以下列二者為主：

1、凡包灯户離職時保証機關或單位須於離職前一週通知電力公司自行於一週内清理該户電費逾期即不負责

2、凡包灯户如對應繳電費有延繳拒繳短繳等情事時由電力公司將其户線剪斷不再供電以後保証機關或單位即不得再為該户向電力公司申請用電

3、凡包灯户如有代他人包灯或私分電利等情事時仍照上項办法办理

八、包灯户電費於月終結算新用户在月半前接線供電者按全月計費於月半後接線供電者按半月計算

重庆电力股份有限公司包灯供电暂行办法　0219-2-292

九、包灯户每月用電電費由電力公司逕向各用電户收取

十、在本办法公佈以前原有表灯户不得申請遷移過户後改為包灯户

十一、電力公司如認為某特定區域應一律將包灯制或揔表制改表灯户不得拒絕拆表

十二、包灯户由電力公司製备號牌釘於門首以資識别並發給户卡

重庆电力股份有限公司临时维持委员会组织规程　0219-2-117

重慶電力公司臨時維持委員會組織規程

第一條　本公司為加緊抗建應付非常組織臨時維持委員會

第二條　本會由本公司董事會推舉董事七人組織之

第三條　本會之職責如左

（一）謀收支之平衡

（二）籌復廠之計劃及所需之資金

（三）訂定員工之待遇與名額

（四）請求稅捐之減免

（五）其他重大興革事項

第四條　本會每星期四中午十二時在本公司開會一次

第五條　本會開會時由到會委員推定委員一人

重庆电力股份有限公司临时维持委员会组织规程　0219-2-117

为主席

第六条　本会开会时总协理应参加会议

第七条　本会得以事务之必要调用公司各部份之人员

第八条　本会经董事会认为已无必要时撤消之

第九条　本规程经董事会议决实行并报主管机

关备案

重庆电力股份有限公司职员福利委员会组织章程　0219-2-34

重慶電力股份有限公司職員福利委員會組織章程

重庆电力股份有限公司职员福利委员会组织章程　0219-2-34

重慶電力股份有限公司職工福利委員會組織章程

第一章　總則

第一條　本會為增進職工福利，特遵照部頒職工福利委員會組織規程，並參酌本公司之實際情形組織之。

第二條　本會定名為「重慶電力股份有限公司職工福利委員會」。

第三條　本會會址設於重慶電力股份有限公司總公司內。

第二章　權利與義務

第四條　凡本公司職工均有遵守本會會章、按期繳納福利費及履行本會決議之義務，

重庆电力股份有限公司职员福利委员会组织章程　0219-2-34

第五條　凡本公司職工均得享有本會一切福利設施之權利。

第三章　組織及職權

第六條　本會由公司指派代表一人，職工各選出代表九人組織之，除公司代表外，任期一年，連選得連任。

第七條　前條職工代表之選舉辦法由本會另訂之。

第八條　本會設主任委員一人，由公司代表担任，處理日常事務，設稽核一人，由主任委員就委員中遴任之，負責辦理本會一切財務收支之稽核事宜。

第九條　本會由公司代表一人，職工各相互選出常務委員

重庆电力股份有限公司职员福利委员会组织章程 0219-2-34

四人共九人組織常務委員會依照本會之意旨及決議負責推動一切經常會務

第十條 本會之職權如左：

一、關於福利事業之計劃審議及督導推進事項

二、關於福利基金之籌集保管及運用事項

三、關於事業經費之分配稽核事項

四、關於收支預算決算之審查及公佈事項

五、關於人事任免調遣及奬懲之核定事項

六、其他有關職工福利事項

第十一條 本會設職工福利社爲本會之業務執行機構遵照

重庆电力股份有限公司职员福利委员会组织章程　0219-2-34

本會之決議負責辦理一切福利事業

第十二條　職工福利社設總幹事一人副總幹事二人由本會聘任秉承本會之意旨綜理一切社務社內分設總務文教供應康樂會計五組每組設主任幹事一人幹事雇員若干人除會計組主任幹事請由公司派任外由常務委員會決定主任委員具名聘任之

第十三條　職工福利社所屬員工以就公司現有職工中聘任為原則但必要時得請由公司專派充任之

第四章　會務

第十四條　總務組辦理文書保管事務交際及其他一切有關

重庆电力股份有限公司职员福利委员会组织章程 0219-2-34

事宜

第十五條 文教組辦理學術進修子弟教育及其他一切文化事宜

第十六條 供應組辦理一切職工生活必需物資設備之供應及分配事宜

第十七條 康樂組辦理一切職工之衛生娛樂及業餘生活之改進事宜

第十八條 會計組辦理收支登記及預算决算之編制事宜

第十九條 職工福利社之事業計劃及辦事細則另訂之

第五章 會議

重庆电力股份有限公司职员福利委员会组织章程　0219-2-34

47-1

第二十條　本會每月召開常會一次但必要時得由主任委員或常務委員會之決議或經委員二分之一以上人數之請求召開臨時會議

第二十一條　常務委員會每週召開一次但必要時得由主任委員或經常務委員三分之一以上人數之請求臨時召集之

第二十二條　本會常會臨時會常務委員會均以三分之二以上委員之出席出席委員半數以上之同意行之

第六章　經費

第二十三條　本會福利基金之來源如左：

重庆电力股份有限公司职员福利委员会组织章程　0219-2-34

一、由公司就资本总额提拨百分之五

二、由公司每月比照职工薪津总额提拨百分之五

三、由各职工于每月薪津内扣缴千分之五

四、公司年终结算有盈余时由公司就盈余项下提拨百分之五

五、公司废料变卖时提拨百分之二十

六、董事会临时拨交运用之基金

第二十四条　本会基金存本会决议指定银行

第二十五条　本会账目每月月终结算并揭示公布

第七章　附则

48-1

第二十六條　本章程經委員會通過並呈准主管官署備案後施行

第二十七條　本章程如有未盡善事宜得由委員會決議增改並呈報主管官署備案

重庆电力股份有限公司营业章程　0219-2-70

重慶電力股份有限公司營業章程

第一章　總則

第一條　總則　本公司一切營業，均依照本章程辦理之。

第二條　營業種類　本公司營業，計分三種如左：

甲、供給電流

一、電燈　凡以電為照明者均屬之。

二、電力　凡以電為原動力之用者均屬之，但以電力機拖動發電用以照明者，或兼於電燈計費之電表者，或其原動力不足一匹馬力者，或以單相電力充電者，均應以電燈計費。

三、電熱　凡以電為烹飪、取暖、融焊、煉冶、烘焙及其他電熱之用者均第三、惟其设备不足一千瓦特者，仍以电灯论费。

四、太阳灯、爱克斯光、电风扇、放映机等，不论容量大小，概以电灯论费。

乙、设计及装置特种电气设备。（筹备就绪再行分别办理）

丙、出租电器用具（筹备就绪再行分别办理）

第三条　供电　本公司日夜供电，惟对于左列特殊情形，概不负停电之责任。

甲、因用户使用不慎，致肇灾患而致停电者

乙、因意外事故而致停电者。

丙、因工作之需要，无法避免而致停电者

丁、凡因工作之定期停电，时间在六小时以上者，先经登报公布

第四条　计费　本公司对于用户用电，除特殊情形另有规定外，均以电度表计度收费

重庆电力股份有限公司营业章程　0219-2-70

第五條　特殊用電設備：用户如有特殊用電設備，經本公司認可後，得另增設專用

第二章　供電方式

第六條　供電方式　本公司供電方式，為三相交流五十週波，輸電高壓，暫定為一萬三千八百伏，配電高壓，暫定為五千二百五十伏，配電低壓，規定為三相三百八十伏，單相二百二十伏兩種，如有特殊用電情形，經本公司認可者，得用其他電壓

第七條　單相電力　電力用電，其裝見馬力不足一匹者，得用單相，一匹以上者，限用三相

第八條　起動設備　電動機在十匹以下者，得用鼠籠式，超過十匹馬力者，須用滑

圆式，或用其他式样之电动机，须得公司之同意，五匹马力以上之电动机，须装置适当之起动设备，如单捲线电动起动器或Y△开关，并须使在标准电压下之起动电流，不致超过其全负荷电流之二倍半

第三章　立杆放线

第九条　声请放线　凡用户声请供给电流，因距离本公司线路较远，必须立杆放线，方能接电者

甲、应由本户先向本公司业务科用户股，或各办事处，填写植杆放线声请单，经本公司派员查勘决定，并估计材料及工价后，以可能植杆放线通知单送交声请户，声请户应于一月内封送第

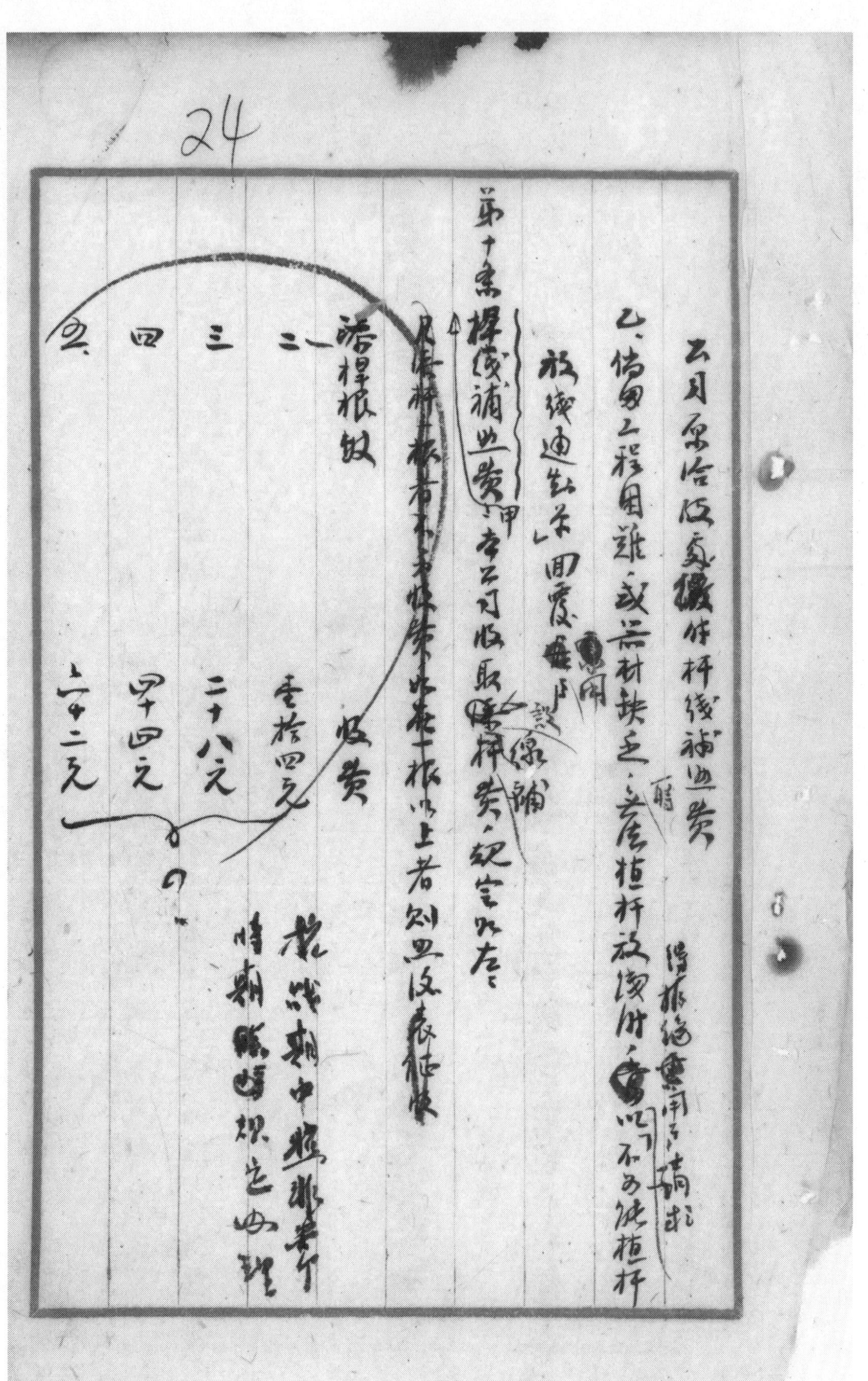

24

六月原合收费[illegible]杆线补助费

乙、倘因工程困难或器材缺乏，无法植杆放线时，[illegible]以不必植杆

放线通知单[illegible]

第十条　杆线补助费：甲、本公司收取[illegible]杆费，规定如左：

凡添杆一根者不另收费，如在一根以上者，则照收表征收

添杆根数　　收费

一　　壹拾四元

二　　二十八元

三　　四十四元

四　　五十二元

[illegible]

[illegible]

重庆电力股份有限公司营业章程　0219-2-70

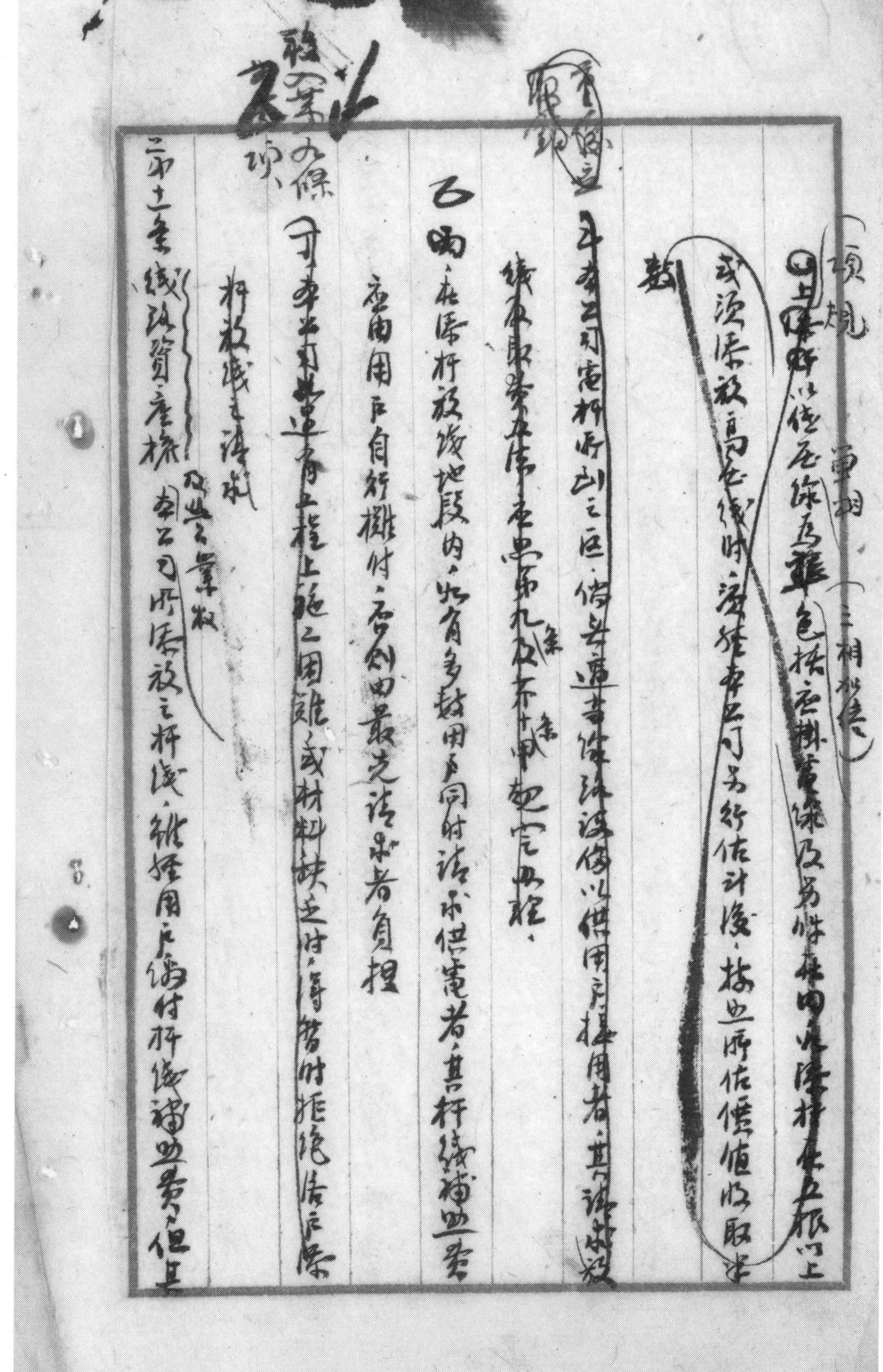

（三相四線）

項規 （四）上項電桿以供應線及電纜包括應掛電線及另件[illegible]每五根以上

或須添設高壓線時，須經本公司另行估計後，按照所估價值收取半數

如本公司電桿所到之區，倘無適當線路設備以供用戶接用者，其請求添設

線路所需費用，應照第九條第十條辦理。

乙、丙、在添桿設線地段內，如有多數用戶同時請求供電者，其杆線補助費

應由用戶自行攤付，應劃由最先請求者負擔

第八條 本公司對於營業上有工程上施工困難或材料缺乏之時，得暫時拒絕請求添

杆設線之請求

二第十三條 線路資產（及其他之資產）屬於本公司所添設之杆線，雖經用戶繳付杆線補助費，但其

重庆电力股份有限公司营业章程　0219-2-70

线路资产所有权及变压器等概均归本公司，且供电后附近各户请求接用电流时，其已缴付补助费之用户，不得无故干涉接电。

第四章　屋内线路装置

第十二条　内线装置　用户内部之电气装置，应由重庆市政府注册之承装电气商店办理，其他任何装置经本公司认可者，得由用户自行办理，或由本公司代办。

第十三条　装置规则　本公司得检查用户内线，除遵照前国民中央建设委员会所颁之「屋内电灯线装置规则」及「电力线装置规则」办理外，并适用重庆市政府颁布之「电气装置取缔规则」之规定。

凡用户内线装置，如不按照本章程第十二条之规定装置

者，本公司得拒绝接受办理

第十四条 請用承裝商店取締辦法：用户与請用之承裝商店间，如有發生爭执或請用承裝商店不合规则时，均適用重慶市政府「承裝商店請用及取締章程」办理之

第五章 檢查手續

第十五条 檢驗 用户於屋内線路裝竣後，其檢驗手續如左

甲、經由承裝商店或用户本人填具「裝表請驗單」向本公司各營業股分處申請檢驗，本公司收到該裝表請驗單後，當於最近期内派員前往檢驗，如檢驗合格，即以「檢驗合格通知單」交与用户，用户可於一月内持該單，並隨帶「單上填明之電度表押金」「電費

重庆电力股份有限公司营业章程　0219-2-70

26

保证金」「接电费」，皆应缴款项，及用电契约（此约有接户线补助费
并须同时缴纳」前来本公司业务科用户股或各办事处缴付取
据。本公司当于收费后二日以内派工装表接电（倘遇天雨例假
或其他意外事故发生时，不在此限）

乙、此检验不合第十三条规定时，即由检验员填给「改正通知单」与用户
用户可照单上指示各点，饬承装商店分别改正，改装完工后，即行
持该单前来报请复验

丙、复验时，如尚未改正，或虽已改正而仍不合规定时，则须二次改正后
再行报请复验，须至检验合格为止，报请二次或二次以上复验
时，每次应由承装商店缴付复验费。

丁、凡用户未曾经向本公司装有电灯表者，得拒绝单独供给电力或

电热。

第十六条、接户线　用户供电设备之接户线，除用户附近电杆起，至用户电度

表止，由本公司设置之，电灯用户，每户所装线以一百五十市尺

为限，铝线以二十市尺为限，逾限应由用户补助，另行向

帐收费，电力用户，照上列数量加倍供给。

第十七条、「电度表押金」「电费保证金」及「接电费」　电度表由本公司供给，其种

类容量，由本公司依照装置电器之种类及用电量而定

之，其应收之「电度表押金」「电费保证金」及「接电费」等数目

列表於后　附表

重庆电力股份有限公司营业章程 0219-2-70

27

第十八条 临时用户 用户临时电灯用电，得装用临时电度表，时期至多以一月为限，并应有押金保证金及接电费等，均须照本章程第十七条之规定加倍缴纳

第十九条 供电设备之保護 本公司装于用户处内之电流电度表暨其他财产，由用户负保護之责，如有损坏或遗失，均须照市價賠償

第六章 换表遷移（移表）验表及过户

第二十条 换表 用户于装用电度表后，其换表手续如左

甲 用户如变更电气设备，须更换较大或较小之电度表时，应於改装之后随带印章，前来本公司营业股备填

具「改表聲請單」，如該改表經本公司派員檢驗認可後，當以「可能改表通知單」交與用戶，用戶可於一月內持該單及原繳電度表押金與電費保證金收據，到本公司會洽服務補繳或退「還」應繳新電度表押金及電費保證金，掉換新收據，並須照繳換表費

乙、如經本公司派員檢驗，認為不可能時，當以「不可能改表通知單」交與用戶

丙、家庭派裁用戶變更交電器設備，聲請換表，在本公司派員檢驗，或於換電度表時，如發覺原裝於用戶處之接戶線設備暨電度表等有損壞情形，應照市價賠償

重庆电力股份有限公司营业章程　0219-2-70

28

第二十一条　迁移

甲、用户如须将电度表由甲地移至乙地，其原地之电度表，应先来本公司用户股或分处事务填具拆表申请单，申请停电拆表，其新地接电手续，须依照本章程第十五条规定，作新用户装表办理。

乙、如用户新地急需用电时，用户得声请加急迁移，本公司当接接受请求后，一、接家检验用户新地屋内电气设备，二、经检验合格，用户即可持检验合格单及原领电度表押金与电费保证金收据，前来本公司营业股缴付各费（加急迁移接电费加倍），本公司当于次日（如遇天雨例假或其他意外事变时

不在此限）派工拆表装表）

丙、用户不得藉口需用过急，自行拆表或雇工私自拆迁移址，其自行拆装者，一经本公司查觉，则以不合章程处理之，即将其电表拆回停止供电，并不退还原缴之电度表押金及电费保证金

第二十三条　移表

用户如须於同一屋内，将电度表自甲处移至乙处者，应事先填具「屋内移表申请单」申请移表，本公司当於接受申请后派员检验，如认为合格，即以「可能移表通知单」交与用户，用户可於一月内持该单到本公司营业股处缴付移表费，照移

重庆电力股份有限公司营业章程　0219-2-70

加接材料者，其材料補出費，應同時繳付）本公司於收費後二日內，
（如遇天雨、例假或其他意外事變時，不在此限）派工換表，以認
為不便換表時，即以「不可能換表通知單」交與用戶

第二十三條 校表：本公司裝出電度表，概定每二年按户輪流換校一次，除

甲、此規定之定時校表外，用戶如認為所裝電度表不準，有不準確時，可隨時備函校表費，並填具「校表申請單」請求校驗，除單相電度表本公司得派員在用戶處校驗外，三相電度表，皆須拆回校驗

乙、其校驗之標準，係依照前中央建設委員會法定標準，快慢在百分之二以內者，即認為準確，快慢在百分之二以上時，即按校驗結

重庆电力股份有限公司营业章程　0219-2-70

果之快慢，退還或補收最近一個月退換裝新表日止電費之不足額，

並退還校表費。

丙、電度表發生故障，無法計算其電度時，應照前述三個月平均實用電度，計算當月電費，其裝表未滿三個月者，應照用電後各月實用電度，平均計算其電費，其裝表未滿一月者，應照換表後一個月內每日用電平均度數按日計算之。

第二十四條　過户　用户如須將所裝電度表過讓他人使用時，應由承繼用電之新户，會同原用户攜帶保證金與押金收據及印章來本公司各營業股領填具「過户聲請單」，並照請電手續辦理過户手續，並繳納過户手續費，否則原用户如有欠費，須賠償及其他一

重庆电力股份有限公司营业章程　0219-2-70

30

抄表任，概由新户负责，但机关学校团体及部队等，不得

过户于普通用户

第七章　电价

第二十五条　电价　本公司收取用户电费，概遵照经济部最近核定价目

及其调整办法办理之

所核定电价表另附详表

第二十六条　底度　用户装用电限表，不论用电与否，每月须照最低底度

缴付电费，超过底度者，照实用电度计费，兹将底度规定

如左

甲、电力用电底度，按照装置马力数，以每月每匹十五度为底度，用

電不足底度時，照底度計算，超過底度時，照實用度數計算。大量電力用電，得商請本公司專為[illegible]另訂用電合同。

乙、電燈底度，依照收用電度表容量大小規定之。各種大小電度表，每月底度規定如左

電度表安培數	每月底度
一·五安培	二度
三安培	四度
五安培	八度
十安培	十六度
十五安培	二四度

31

二十安培	三二度
三十安培	四八度
五十安培	八十度
一百安培	一六〇度

丙、電熱以五安培為最小電度表容量，其用電底度與電燈同

丁、臨時用戶以三安培為最小電度表容量，所用電度，照第二十五條所規定之電價計算，其底度則照本條乙項之規定加倍計算

第八章　抄表收費

第二十七條　抄表

甲、本公司每月規定日期，派員至用戶處抄表一次，計算電度，並將所用電度，記載於抄表紀錄卡片上，以便用戶隨時核算。凡餐館、旅館、茶樓、戲院，及其他公共娛樂場所，本公司得酌量情形，另訂抄表收費辦法

乙、本公司按照規定抄表日期，派員分赴各戶抄表，如遇門戶鎖閉，無從抄錄時，由本公司寄函約期抄表，如仍無從抄錄，或約期而無露出時，即派工務人員，會同鄰戶或警務保甲人員作證，收回電表，至其表上所指示之電度，仍須計費追償

第五十八條 收費

甲、本公司於抄表後，定期派員持正式收據，分向用戶收取電費

重庆电力股份有限公司营业章程　0219-2-70

如用户当时未能照付，由该收费员通知用户单据应付数目，三日后由本公司再派员催收电费

六、用户电费之收据，一经付清，应取得正式电费收据为凭，如未取得正式收据，或由收费员给予临时收据者，概作无效

第二十九条　催费　用户应付电费，经催收仍未付齐时，由本公司寄发催费通知单，限于寄发之日起，三日内至本公司指定地点缴付电费

第三十条　催费剪线　用户如在催费通知条所限三日内，仍未缴清电费者，本公司即行派工剪线，拆表并追收欠费

第三十一条　欠费剪线後復火　欠费剪线拆表之用户，欲恢复用电时，应于三

日内来公司缴清欠费并纳复电费，同时填具复电申请单（其复电费与第十七条规定之接电费同）方能派工接线继续供电使用，否则即作新户拆表办理

第九章　停电拆表复电

第三十二条　复电　凡用户原有电表自请停用，经本公司拆表后，再请求复电时，应照新用户办理

第三十三条　拆表　用户请求拆表，应于拆前三日，随带最近本公司所给之电费收据，填具停电拆表申请单，方能照办

第十章　挂失补发追费暨修理

第三十四条　挂失　用户如将电费保证金、电表押金收据遗失，应先来

33

本公司填具「挂失声请单」挂失止兑，随觅殷实铺保，签具本公司制就之挂失补据保单，并须登报声明，照缴挂失手续费，经本公司对保查实后，即照原缴金额补发收据或退费。

第三十五条 退费

甲、本公司制发用户之电费保证金、电度表押金，非经拆表概不退费。

乙、用户停用电流，如已将电费付清，并无赔偿等情，得凭原表退证、保证金押金及已付之最后一月电费收据来本公司缴回保证金与押金，如有欠费，或损坏电度表及接户之材料，须负责赔偿者，即以所缴保证金押金抵偿之，不足如追偿。

结公字后数当费

丙、用户拆表后，如逾期一个月，尚未携保证金押金收据来本

前述费者，该款即作无效

第二十六条 修理

甲、用户屋内之电气设备导线及其他材料，如有损坏漏电等情时，本公司得通知用户限期修装，如逾时不修，即行停止供电

乙、用户屋外接保险丝熔断时，用户应即时通知本公司免费修理；至于屋内电气设备有损坏时，用户应自雇承装之匠修理之

第十一章 附则

第二十七条 凡有特种用电情形，可向本公司接洽商议，另订办法

重庆电力股份有限公司营业章程　0219-2-70

34

第三十七条　用户以增加或改装电气设备，应由承装电器商店办理完竣后，填具"请装或改装表户请求单"，报请本公司派员查验。如未经核验，而与公司计算电费价格有关者，不论何时添装或改装，均应自查明之日起，补算电费一年。如其装表不满一年者，自装表之日起计算。又不得将表内电线转接毗连之其他房屋，或转售电流与他人使用，否则本公司得停止供电。

第三十八条　本公司员工为用户委托工作或检查时，均佩带徽号证章及外勤服务证，用户不得借词拒绝及阻碍其工作任务。

第三十九条　本公司办理窃电案件，应遵照四三年中央通过之规条暨公会公布之

「电业事业人员管理电气规则」及军政部军需委员会通

讯委员会内政部会编之「取缔营业无线电机电台规则」及其所

属人员添用电流规则」办理

第四十条　本公司出租电器，另订章程办理之

第四十一条　本公司对于植杆设线、补偿费之收取，因需购材料价格涨

落不定影响，应依据当时市价规定办理，应照市价估计

工料按数七折收取

第四十二条　用户供电设备之接户线，在战时为材料缺乏，电价不敷以

不能适用本章程第十八条规定时，得要求用户全部自备或全部补充

由本公司如数置之，但其所有权之应属本公司

重庆电力股份有限公司营业章程　0219-2-70

第四十三条　本公司为战时节用电流起见，对电价计费得规定分级
　　办法，并于其实施后，登报公布
第四十四条　本公司电度表因战时缺乏不能供给时，得由用户自备作
　　为补助电费之抵偿，其所有权，应归本公司
第四十五条　本公司发电量因受战时影响，不足供给时，得定时或
　　临时分区停电
第四十六条　电度表押金、电费保证金及接电装置费数目，在战时材料价
　　格涨跌不定，不得照本章程第十七条规定时，得随时增订数目，呈准
　　主管官署核准公布
第四十七条　本公司以战时节用电流，用户装用之电度表，不能接放以加

重庆电力股份有限公司营业章程　0219-2-70

換表

第四八條　本公司對於電價之核定，得根據物價指數，隨時呈准主管官署修正之

第四九條　本公司用戶裝用之電度表，以本戰時政策，概歸用戶自備

本公司裝設　及換戶開拆　應由用戶負責賠償　而

第五十條　本章程經本公司董事會議決呈報經濟部及重慶市政府備查後，公佈施行，修改時亦同

重庆电力股份有限公司处理窃电规则　0219-2-243

修文呈請
事會決議　九

重慶電力股份有限公司處理竊電規則

第一章　總綱

第一條　本規則係遵照中央建設委員會公佈取締竊電法規內之各項規定擬定呈請四川省政府暨重慶市市政府核准，並轉請備案存查。

第二條　本規則適用于本公司營業區域範圍以內，並由本公司負有執行本規則之當然職務。

第二章　檢查

第三條　本公司為維持營業，杜防竊電起見，得派員隨時攜帶檢查憑證，至營業區域內各線路所

重庆电力股份有限公司处理窃电规则　0219-2-243

經之地，及用電處所，實施檢查。被檢查戶，及用電人，不得藉詞拒絕；但檢查員亦不得稍有不合法之行動。

「註」前項檢查憑証，由本公司特製樣式，並呈請市政府登記公布之。

第四條　凡有左列行為之一者，為竊電：——

(甲)未經本公司之許可，在本公司所敷設線路上拉線接電者。

(乙)繞越或毀壞電度表，紊亂表綫，或破壞表外電綫，取用電氣者。

重庆电力股份有限公司处理窃电规则　0219-2-243

2.

（丙）阻滞或擾乱電度表準確之表示，以圖減少應繳電費者。

（丁）故意損壞，改動，或偽造本公司所置之表件設備；或表外保護物之封誌或封印，以取用電氣者。

（戊）在電價較低之綫路上，私接電氣器具，取用電氣；而按照本公司定章，是項電器用電，應列入較高電價者。

（己）不向本公司直接購電，而用他人購用之電，以窃用電氣者。

重庆电力股份有限公司处理窃电规则　0219-2-243

(庚)其他以竊電為目的之一切行為。

「註」右第三款至第五款，如表件不在用戶保管範圍以內者，用戶不負其責。

第五条　凡竊電者，經查獲實據後，本公司除得依法起訴，及向其追償電費外，并得予以處罰，呈請地方主管機関，或高級機関處理之。

第六条　本公司派員施行檢查，予以處罰，得通知當地團警，或地方首人協助之。

第三章　處罰

第七条　凡有竊電嫌疑者，如恃强拒絕檢查，或竊電

重庆电力股份有限公司处理窃电规则　0219-2-243

人未照本規則繳足應償電費時，本公司得停止供給其所需用之電氣，并呈請法院，地方主管機關，或高級機關，執行其法律上應負之一切義務。

第八條　追償非用戶竊電者電費之標準如左：

（甲）私裝電燈，以查見燈泡之瓦特數，照每日晝夜繼續用時間計算，追償電費一年。

（有燈座而無燈泡者，以二十瓦特計算；有燈頭而無接綫者，作一百瓦特計算。）

「註」風扇以每日晝夜用電時間計，每年照六個月計算之。

(乙)私装電動机，以查見所装馬力，按照電力價格追償電費一年。電動机每日使用時間，依工作性質，另需時間定之。

「註」電熱用具，以每日使用十二小時計算，追償電費一年；但電氣爐炉，以每年六個月計算之。

(丙)接用其他電器者，得依上項規定，分别性質追償之。

第九条　追償用户窃電者電費之標準如左：—

(甲)犯第四条(乙)(丙)两項之窃電行為者，按照接表以来用電最多之一月計算，追償電費一年。

重庆电力股份有限公司处理窃电规则　0219-2-243

4.

(乙)犯第四條(丁)項之竊電行為者，按照接表以來用電最多之一月計算，追償電費一年。

〔註〕但於無意中損壞，而立即通知本公司修理者，不在此例。

(丙)犯第四條(戊)項之竊電行為者，按照所裝瓦特，及兩價之差數累積計算，追償電費一年。

〔註〕但曾經事前通知本公司，得有書面允許者，不在此例。

第十條　凡因竊電，致有妨害公安，或損壞本公司財產之結果者，除照前條各項處理竊電之規定，追償電費外，并得依法訴請追償本公司財產及其他一切損失。

第十一條　凡竊電者，如指出實施竊電工事之人，而經証實者，得減免其追償電費部份百分之五十。

第四章　獎勵

第十二條　凡本公司職工，如發現用戶或非用戶，有竊電行為及實証者，應即報陳公司，于查獲後，除由主管人員酌量情形呈請登記，至年終考績時併入工作成績辦理外，並得享受追償竊電者賠償電費數目部份，劃出獎金之優待。

重庆电力股份有限公司处理窃电规则　0219-2-243

第十三条　凡外界人士，如发现任何用户或非用户，有窃电行为及实证者，可向本公司告密，本公司应行派员检查，于查获后，可享受追偿窃电费赔偿电费数目部份，划出奖金之优待。

第十四条　凡因查获窃电用户，或非用户之本公司员职工，及有关告发之外界人士，尽员协行检查之职务者，均有享受追偿窃电人追偿电费数目部份，划出奖金之优待。

第十五条　凡因告发窃电用户或非用户，而不愿出名者，本公司得绝对保守其姓名之秘密。

第十六条　凡查获用户或非用户窃电证据时，本公司应得当地值班团警或地方首人之证明签字或盖章，并仍有享受前项奖励之优待。

第十七条　本公司查获窃电者所追偿电费收取之金额，以百分率分配之，得依左列规定分配之：

(一)本公司自提一百分之四十

(二)本公司奖励报告人一百分之二十（不论公司职工，及外界人士，均得享同等之奖励。）

(三)本公司奖励当场执行检查职务人一百分之十六

(四)本公司奖励当地值班团警或地方首人之证明签字或盖章人一百分之八

(五)本公司奖励职工月奖金一百分之十六（此项月奖金，于每月结账时由主管人员考核勤劳者奖励之）

重庆电力股份有限公司处理窃电规则　0219-2-243

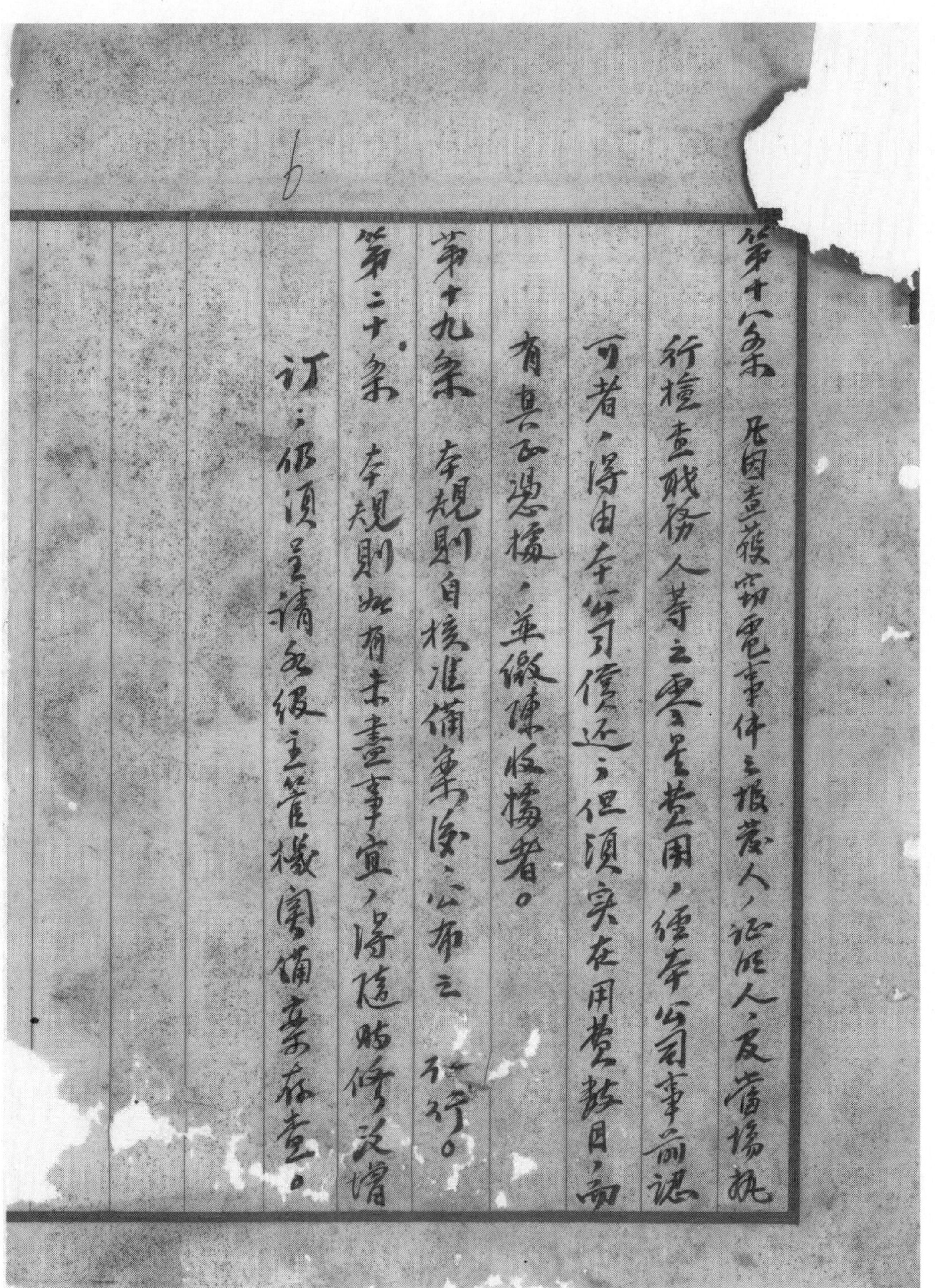
第十八条　凡因查獲竊電事件之報告人、證明人、及當場執行檢查職務人等之零星費用，經本公司事前認可者，得由本公司償還之，但須實在用費數目，而有真正憑據，並繳陳收據者。
第十九條　本規則自核准備案後公布之施行。
第二十條　本規則如有未盡事宜，得隨時修改增訂之，但須呈請各級主管機關備案存查。

重庆电力股份有限公司加班办法　0219-2-1

重慶電力公司加班辦法

一、本公司及所屬各辦事處發電廠之職工役、對於因公務上之必要、得於辦公時間外、加班辦理、

二、加班辦理事件、應先陳經主管人核准、

三、凡正常工作應於辦公時間內辦畢者、不得請求加班、

四、加班職工役應確切填明到班及退班時間、由主管人核章轉陳總協理核閱、

五、加班職工役得按津貼辦法領加班津貼、

六、各發電廠工務輪班不得以加班論、

重庆电力股份有限公司加班办法　0219-2-1

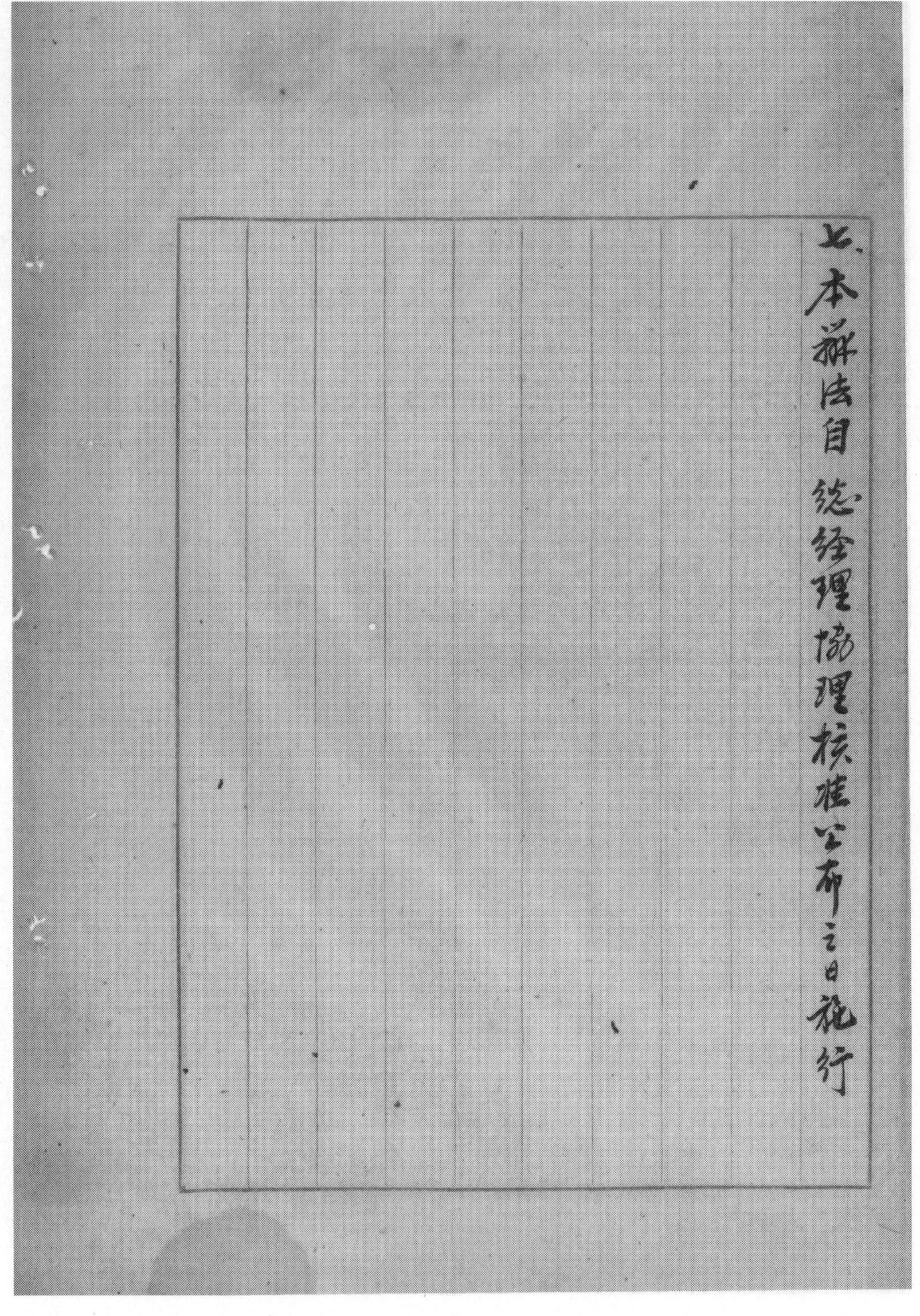
七、本办法自总经理协理核准公布之日施行

重庆电力股份有限公司值日规则　0219-2-1

重慶電力公司值日規則

第一條　本公司及所屬各辦事處發電廠、為平日在辦公時間外及星期日或其他休假日、便於應付各方接洽及處理臨時發生之非工務方面事件、輪派人員值日、

第二條　值日人員當值時間每日自正午十二時起至翌日正午十二時止、

第三條　應行當值之員役、於每月月初之前三日排定輪值表、送陳總協理存查、其表列每日當值員役人數、分別規定如下：

重庆电力股份有限公司值日规则 0219-2-1

總公司 職员二人 公役五人 傳達一人
辦事處 職员一人 公役一人 傳達一人
發電廠 職员一人 公役二人 傳達一人
第四条 每日應按輪值表、將當值員役之姓名、懸牌揭示、并發值日章戳一顆、由值日员挨次輪用、
第五条 應行當值員役非因疾病及特准者外、不得請假、其必須請假者應於當值前覓妥合宜之代理人請求特准後始能離職、
第六条 值日員在當值时間内、對於詢問或請求之來人或電話、應即答復或辦理之、其重要事件、

14-1

應報請主管人核示辦理，緊急到文，應速呈閱，遇有空襲及火警，應督飭佐級，搬運重要文件或施救，

第七條 值日员在當值时间内，遇有关於厰務、機務及线路方面事件，應即通知有关各部份之值日員辦理，其各發電厰之值日员更應與各該發電厰之工務值日员取密切聯繫，

第八條 值日員經在當值时间内，不得擅離，遠去誤要，

第九條 值日員於當值时间終了，應即在日記表内各欄填明蓋章，陈由主管人轉陈總協理核閱，

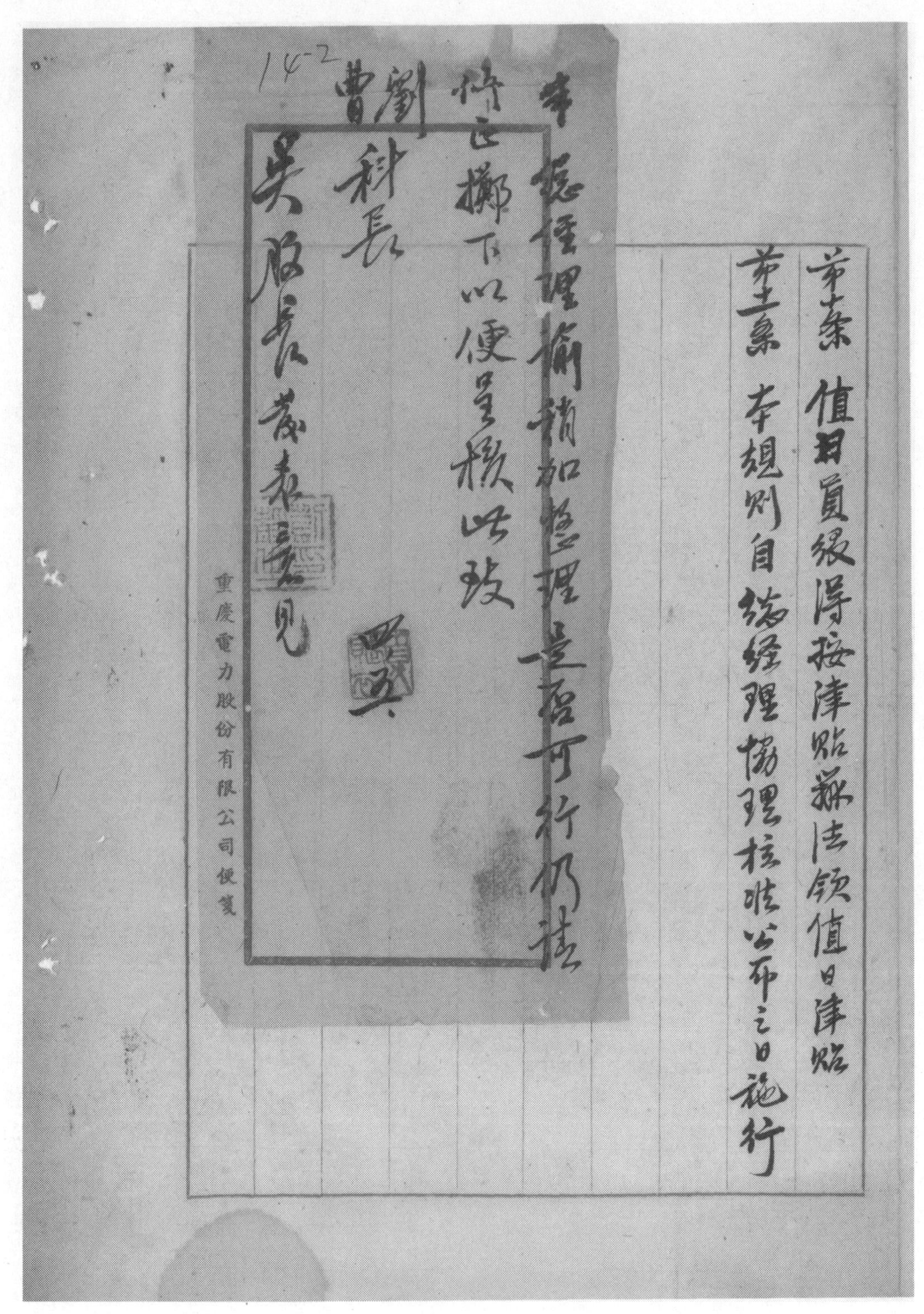
第十條　值日員概得按津貼辦法領值日津貼
第十一條　本規則自總經理協理核准公布之日施行

14-2
本稿經理論稍加整理是否可行仍請
指正擲下以便呈核此致
劉
曹科長
吳股長簽表意見
重慶電力股份有限公司便箋

重庆电力股份有限公司值日规则　0219-2-1

重庆电力股份有限公司工友宿舍暂行规则　0219-2-45

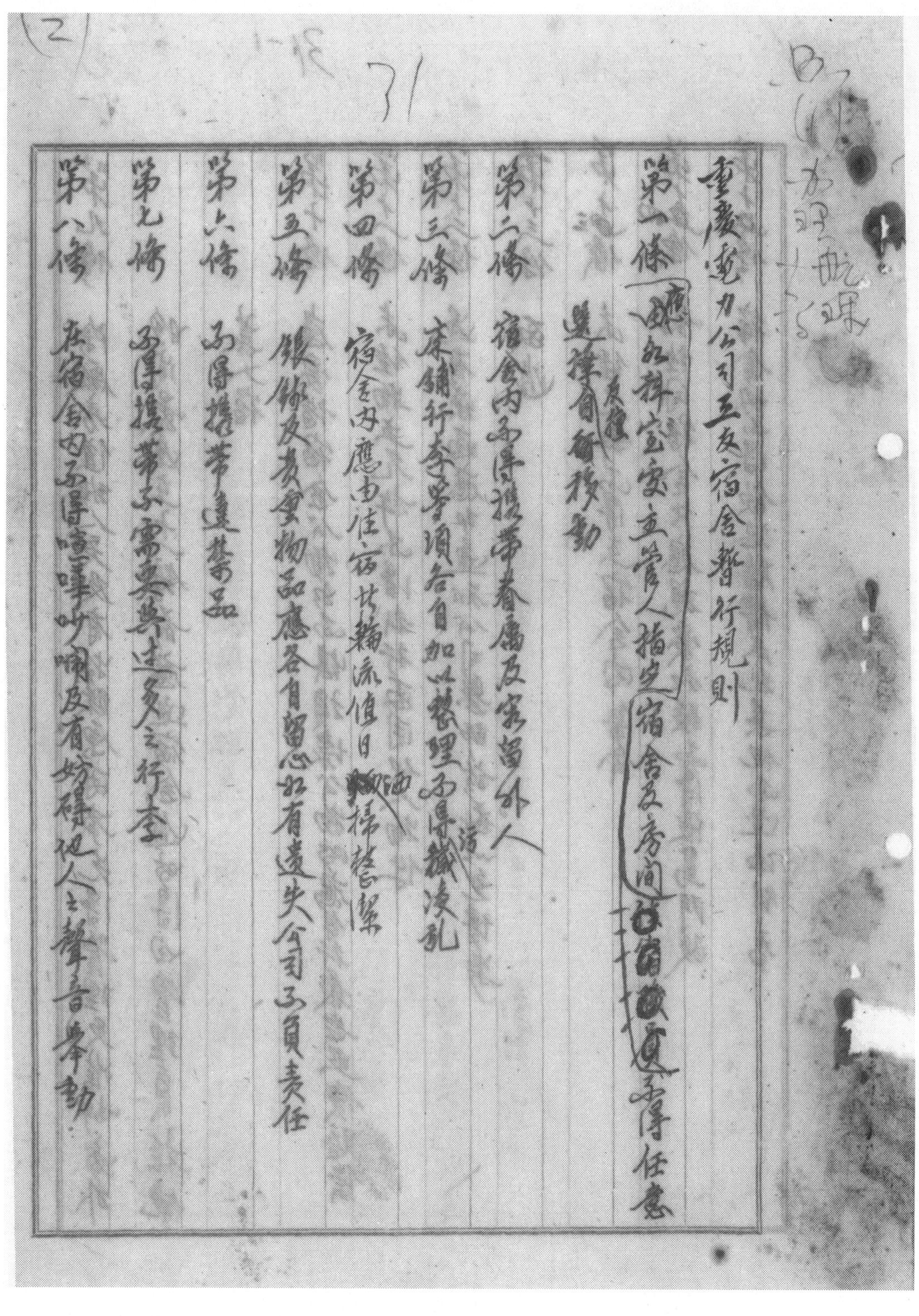

重慶電力公司工友宿舍暫行規則

第一條　應由各該室公立管理人指定宿舍及房間，不得任意選擇及擅自移動

第二條　宿舍內不得攜帶眷屬及容留外人

第三條　床鋪行李等項各自加以整理，不得污穢凌亂

第四條　宿舍內應由住宿者輪流值日灑掃整潔

第五條　銀錢及貴重物品應各自留心，如有遺失，公司不負責任

第六條　不得攜帶違禁品

第七條　不得攜帶不需要與過多之行李

第八條　在宿舍內不得喧嘩吵鬧及有妨礙他人之聲音舉動

重庆电力股份有限公司工友宿舍暂行规则　0219-2-45

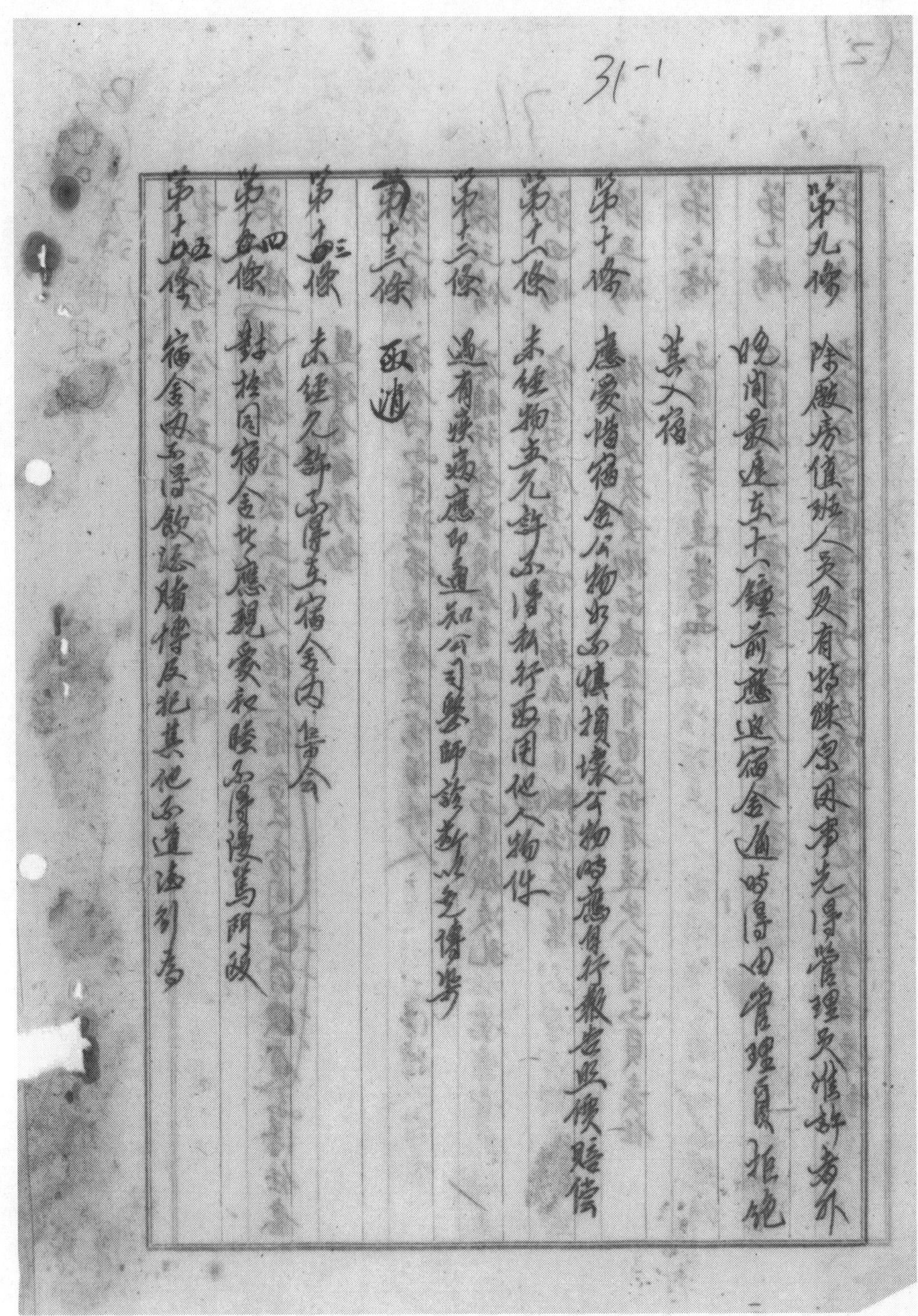
31-1

第九條　除廠房值班人員及有特殊原因事先得管理員准許者外晚間最遲在十一鐘前應返宿舍逾時得由管理員拒絕其入宿

第十條　應愛惜宿舍公物如不慎損壞公物時應自行報告照價賠償

第十一條　未經物主允許不得私行使用他人物件

第十二條　遇有疾病應即通知公司醫師診斷以免傳染

~~第十三條　取消~~

第十三條　未經允許不得在宿舍內集會

第十四條　對於同宿舍者應親愛和睦不得謾罵鬥毆

第十五條　宿舍內不得飲酒賭博及犯其他不道德行為

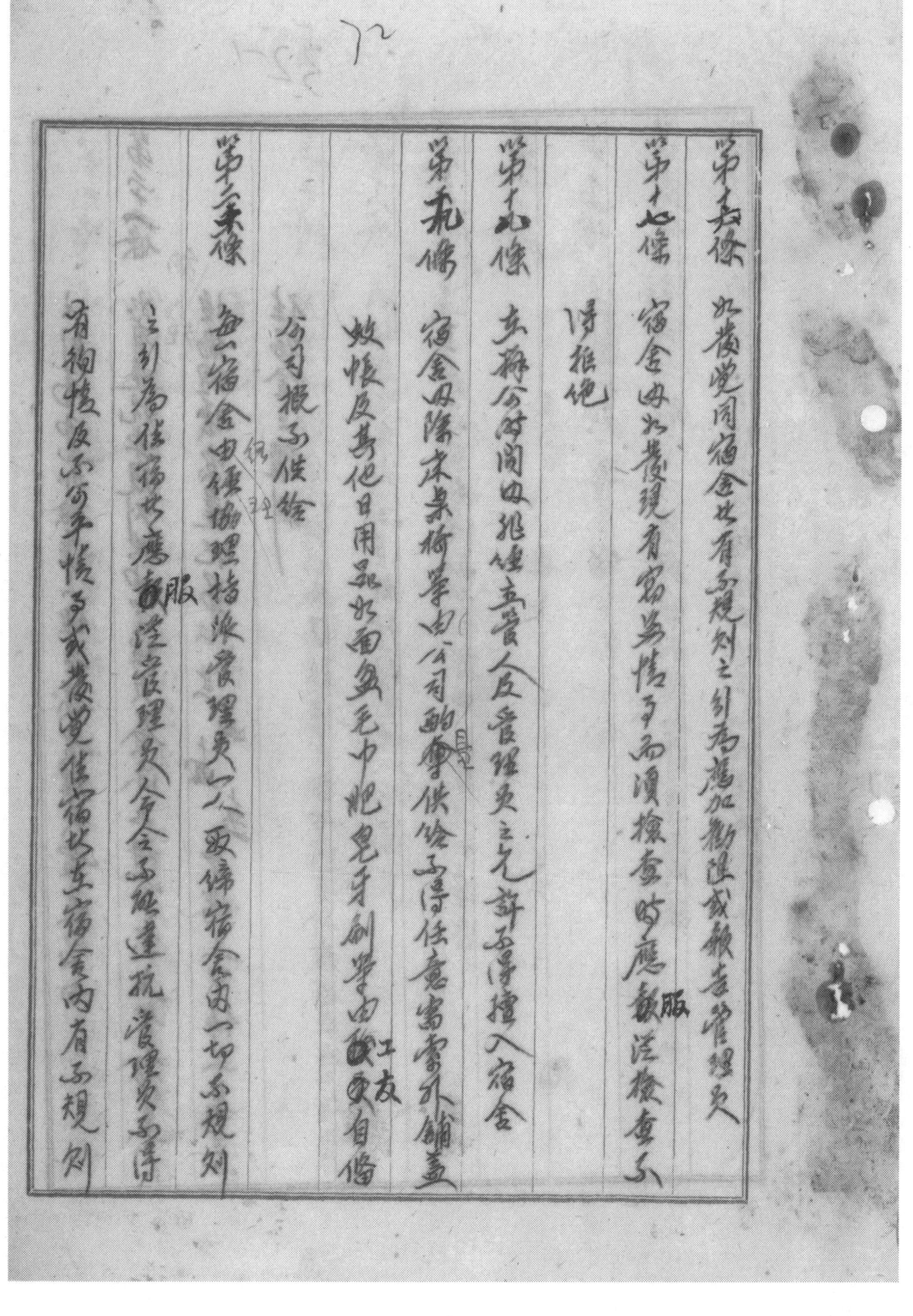

第十五條 如發覺同宿舍者有不規則之行為應加勸阻或報告管理員

第十六條 宿舍內如發現有窩匿情事而須檢查時應服從檢查不得拒絕

第十七條 無論何時間均非住宿人員及管理員之允許不得擅入宿舍

第十八條 宿舍內除床桌椅等由公司酌量供給不得任意需索外舖蓋蚊帳及其他日用品如面盆毛巾肥皂牙刷等由工友自備公司概不供給

第十九條 每一宿舍由總協理指派管理員一人承佈宿舍內一切不規則之行為住宿者應服從管理員之命令不能違抗管理員不得有徇情及不公平情事如發覺住宿者在宿舍內有不規則

重庆电力股份有限公司工友宿舍暂行规则　0219-2-45

32-1

之剑为两面加检举，一经发觉，管理员当众宣布分

第二十一条　如有违抗本规则者，由管理员会同各科室主管人将其经协理议定，违犯第二十一、十四、十五等条者，立即停止其享住宿舍之权利

重庆电力股份有限公司处理材料暂行规则　0219-2-1

重慶電力公司處理材料暫行規則

第一章　總則

第一條　本公司所需之材料（包括工具在内）悉依本暫行規則處理之

第二章　預算

第二條　本公司所需之材料分爲(一)經常用料(二)擴充工程用料外均須編造預算

甲.經常用料　各部份所需之經常材料如各廠之潤滑油棉紗簸斗工具等及供電用電方面之經常維持修配材料應依照過去統計數字於每年度或半年度開始時由工業物料編造預算表經總工程

重庆电力股份有限公司处理材料暂行规则 0219-2-1

師審查陳總協理核准後交材料股備料

乙. 擴充工程用料 凡擴充工程如各科廠處添加設備所需材料應事先由主辦部份編造預算表連同工程計劃書經總工程師審查陳總協理核准後一切工程計劃有變更時應撰增減材料預算及變改計劃送核交材料股備料

第三章 請領

第三條 (一) 經常用料由各廠處根據核准預算開列請領單分別送交工業務科審查後呈報總協理發交總工程師審核後由經理室分發各有關部份

(二) 擴充工程用料 由各廠處根據核准預算開列請

18-1

購單分别送交工業股科審查後呈報總協理發交總工程師複核後由經理室分送各有關部份

第四章　購置

第四條　購置股於收到請購單後應立即填具詢價單向本市或外埠各廠商詢價或登報招標並規定日期收到兩個以上之商號報價單或開標後應編製比價表送購料未逕用商號報子委員會核議（或由購料委員會主任委員審定）簽核料審查經總協理核定之

第五條　凡金額不超過十萬元之購置確係緊急得免辦理詢價手續由總務科酌量辦理之緊急材料由總務料時陳總協理核定之

重庆电力股份有限公司处理材料暂行规则　0219-2-1

第六條　應購材料經核定後即由購置股填發定貨之清單訂合同者由購置股草擬合同送購料委員會及稽核科審查陳總協理核准繕正後陳總協理簽蓋

第七條　購置股採買之材料須自行運送時應由承辦人員開具運料單送主管科長審核

第八條　應購材料經過相當時間無法購置者或緊急材料無法立即購置者購置股應即通知用料部份

第五章　驗收

第九條　驗收材料由材料股稽核科及用料部份派員會同辦理驗收後填具收料報告由三方驗收人蓋章

18-2

第十條 如驗收人員發現貨色不符應拒絕接收由材料股通知購置股向承辦商號交涉辦理並量不得時酌奪情形處理

第十一條 購置股於收到承辦商號交來之收料報告及發票經核對無誤後即造現購（記帳）購料報告及傳票送總務科長會計科長稽核科核章後陳總協理核簽

第十二條 凡用外國或外埠運輸之材料驗收後如發現有損壞及數量不符等情材料股應即通知購置股

第六章 發料

第十三條 用料部份需用材料時須填具領料單注明用途由用料部份主管人核章持單向庫房領用一如急用材料

不及事先由稽核科審核者得先領补核）

第十四條　各部份需用之工具領新換舊時應同時繳回舊工具（写明細目）

第十五條　材料股发料後應將實發數量填於領料单内由領料人盖签

第十六條　材料股发料後應登記并分户造具實發材料日報

第七章　報銷

第十七條　各部份領用材料須自備材料帳每月將耗用材料分别"資產""消耗""修理"及退料數量實存數量作成月報（經常用料与擴充用料應分製月報）送材料股核对填價送稽核科審查陳總協理核閱

重庆电力股份有限公司处理材料暂行规则　0219-2-1

18-3

第十八條　擴充工程完竣後應由主辦部份造具報告送稽核科審查驗收後送材料股填價陳總協理核閱

第十九條　凡前項材料有異動遷移時（如供電方面線路發生意外之變動及撥分兩廠機件零件之遷移等）用料部份每月須造具拆遷材料報告表

第八章　退料

第二十條　各用料部份對於（一）用餘材料（包括不合用材料）（二）拆卸舊料（三）廢料應分別製成退料報告連同退料繳回材料股

第二十一條　材料股所收退料應分"新""舊""廢"各別登帳並應分別造表送稽核科及會計科存查

重庆电力股份有限公司处理材料暂行规则 0219-2-1

第九章 售料

第二十二條 出售不合使用之材料或外間請求公司價讓材料時應由材料股簽呈 總協理核准後開出售料發票送稽核科審核經會計科收款後方能發料

第二十三條 售料由庫房領出時應由材料股根據發票開具領料單其一切手續仍按本規則領發手續辦理

第十章 盤存

第二十四條 庫存材料除定期盤存應於每半年度終舉行外不定期盤查由總協理隨時決定之每次盤存後應作成盤存報告陳總協理核閱

第二十五條 材料盤存後如實存與帳冊不符時材料股應即查究

18–4

陳報總協理核办并應立即校正分别轉入材料盤盈及盤虧科目

第二十六條 各部份已領用材料尚未報銷轉帳者應加入盤存計算

第十一章 結存報告

第二十七條 會計科應於月終年終編製結存月報及結存年報呈總工程師總協理核閱并分送用料部份

第十二章 舊料及廢料之處理

第二十八條 舊料廢料之收發領用報銷記帳等均應與新料同樣辦理

第二十九條 舊料廢料應先估計殘餘價值并扣處理費用然後再以原價與殘餘價值之差額轉入損益帳中

重庆电力股份有限公司处理材料暂行规则　0219–2–1

第三十條　所有廢料應於半年清理一次確實無用者應陳請總
協理核准標賣

第三十一條　出售材料如售價高於或低於估價時即轉入損益帳

第十三章　運送中材料

第三十二條　在運送途中之材料於結帳時（月結年結）如已付清價
價以運送中材料目加入材料帳

第十四章　材料單價之計算

第三十三條　材料之價值應以其原價加上運費力資關稅雜繳合
併計算

第十五章　附則

第三十四條　本規程提請董事會通過實行修改時亦同

重庆电力股份有限公司购买及处理材料暂行规则　0219-2-1

總經理

(卅)發文電字第 2[illegible]5 號

19

重慶電力公司購買及處理材料暫行規則

第一章　總則

第一條　本公司材料之預算、購置、收發、盤存、出售及記帳各項手續悉依本暫行規則處理之

第二條　自本規則公佈實行之日起凡原有表報之不適用者一律[illegible]消全數繳送會計科封存

第二章　預算

第三條　本公司各科處所需材料視用途緩急分為（一）經常用料（二）擴充工程用料（三）臨時用料三種除第一二兩種須由用料部份擬具預算外第三種臨時用料可不擬具預算

（甲）經常用料　各部份需用之經常材料（指平日維持修理用料如總分廠之燃料、潤滑油、棉紗、雜件、工具等及供電、用電、方

重庆电力股份有限公司购买及处理材料暂行规则　0219-2-1

面之（經常維持備配材料）應依照過去統計數字每一年或半年先行編造預算表三份由主管人核蓋送稽核室審查轉陳經理室批准後一份退交用料部份一份存稽核室一份送材料股備料

（乙）擴充工程用料　凡臨時工程及新工程（如總分廠添加設備供電方面擴充線路變壓器等）用料部份應事先擬就工程計劃三份材料預算表三份并須註明用料日期由主管人核蓋送稽核室審查轉陳　經理室批准後工程計劃一份退交用料部份一份存稽核室材料預算表一份退交用料部份一份送材料股備料一份送稽核室

（丙）各用料部份如因（一）原擬常用料預算估計太低得申述理由請求追加其手續與本條（甲）同（二）改變工程計劃其所更改之計劃及更改後材料預算之增減須交稽核室審查轉陳　經理室

19-1

（手續與本條乙）同

第三章　請購

第四條　（一）經常用料由材料股彙集各用料部份之核准預算并依照本公司所規定經常用料之最低及最高存儲量開請購單三份送稽核室審核，轉陳經理室批准後一份退回材料股一份送購置股一份存稽核室

（二）臨時工程及新工程用料　材料股於接到批准材料預算單後須核據用料日期分別緩急開請購單三份一送購置股一送稽核室一存查

（三）臨時用料　凡因修理需用而未列入經常用料預算表內之急用材料并確查無庫存者由材料股開具請購單三份送交稽核室審查轉陳　經理室批准後一份退回材料股一份送購置股一份存稽核室

第四章　購料

第五條　購置股於接到請購單後即須填具詢價單酌量市面情形分別

重庆电力股份有限公司购买及处理材料暂行规则　0219-2-1

向本市或外埠各商號詢價或招標購置股於收到兩個以上之商號報價單後（或開標）應將所貨色價格編製比較表連同商號報單送用料部份加注意見送稽核室審查并陳經理室批准

附則：凡確係緊急之時購備理用料因時間實係不及辦理詢價手續而金額又不超過五百元者得由購置股事先辦理事後補具手續

第六條　購置股接到已批准之比較表後即填製定貨單六份一份送承辦商號一份送會計科一份送用料部份一份送材料股庫房一送稽核室一存查須簽訂合同者其合同須送稽核室審查并陳經理室批准後會蓋簽合同須分抄稽核室及用料部份

附則：如用料部份及稽核室對於全部材料或一部份材料選擇方面有意見時購置股應遵照辦理

重庆电力股份有限公司购买及处理材料暂行规则　0219-2-1

19-2

第七條　購置股採買材料須自行運送時，應由承辦人員附具送料單（另附）送主管科長審核，送料單一份一送材料股，一送稽核室，一存查。

第八條　凡大宗材料或機件，又購進其價值在　萬元以上時，應由總務科陳請經理室組織臨時購料委員會，其組織及職權另訂之。

第五章　收料

第九條　承辦商號應於交貨前一日通知材料股，交貨時連同定貨單送達定貨單上指定地點，材料股應事先通知稽核室及用料部份派員會同驗收，後填具收料報告，由三方驗收人簽蓋。報告五分，一份送材料股（作材料分戶帳），一份送稽核室，一份交賣主持赴購置股結帳，一份送會計科，一份存查。

附則：如驗收人員發現貨色不符，應拒絕接收，由材料股通知購置股向承辦商號交涉辦理，數量不符時亦本情形處理。

重庆电力股份有限公司购买及处理材料暂行规则　0219-2-1

第十條　購置股於收到賣主交來之收料報告及發票核對無誤後并送還購(記帳)購料報告四份送總務科長會計科長稽核室核章後一份連同傳票送出納股一送材料股一送稽核室一存購置股

第六章　發料

第十一條　用料部份需用材料時須填具領料單四份由用料部份主管人核章送稽核室審核退回用料部持單向庫房領用（如急用材料不及事先由稽核室審核者得先領補核）

第十二條　庫房發料後將實發數量填於領料單內交用領部份收料經手人員簽蓋（表示收到無訛）領料單四份（一送稽核室一存庫房一送材料股一由領用人收回）

第十三條　材料股根據領料單實發數量記帳按領料部份分戶每日作成各部領用材料總單三份一送會計科登帳一送稽核室一存查

19-3

附則：各用料部份領用材料須在領料單上照第二章第三條註明用途、預算編號及需用日期。

第七章　報銷

第十四條：各部份領用材料須專備材料帳，每旬將耗用材料分別「資產」「消耗」「修理」（分別項目）及退料數量、實存數量作成旬報（經常、擴充應分製旬報）四份送材料股核對、填價，送稽核室審查；擴充工程完竣時，應由用料部份造工竣報告四份送稽核室審查、驗收後送材料股填價，俟旬報或工竣報告四份一送會計科登帳，一份存稽核室，一份退回用料部份，一份存材料股。

附則：一、各用料部份之用料報告，其屬於資產項下者，須按照工程項目分別之（其屬於修理者亦須分項，如某機件、某地點）註明。

重庆电力股份有限公司购买及处理材料暂行规则 0219-2-1

附則二 二、凡各用料部份因移裝改善等關係將原有材料遷移別處者，及供電方面線路變壓器之更動及總分廠機件零件之遷移等，每月月終須列具拆遷材料表三份，一送稽核室審核，一送會計科，一存查

第八章 退料

第十五條 各用料部份對於剩餘（或不合用）材料拆卸舊料及廢料均應退繳庫房

第十六條 退料報告應以三種不同顏色紙張以區別之，分領而未用之剩餘材料（或不合用材料）、舊料及廢料三種，由領用部份填具四份，連同退料繳回庫房，庫房於核對退料及退料單上數量無訛後（如有錯誤，請退料部份改正或補足），於退料單上加蓋收訖無訛章，一份退回退料部份，一份留存，一份送材料股

重庆电力股份有限公司购买及处理材料暂行规则 0219-2-1

194

一份交稽核室

第十七条 材料股所收退料应"新"、"旧"、"废"分别登帐，每日分别汇造总表送稽核室及会计科存查

第九章 售料

第十八条 购进而不合使用之材料出卖或外商请求公司价让材料时，应由材料股签呈 总理室批准后，及成出售料发票送稽核室审核后送知库房发料及会计科收款登帐

第十九条 售料由库房领出时，由材料股根据发票开具领料单，其一切手续仍按本规则领发手续办理

第十章 盘存

第二十条 库存材料盘存分定期及不定期两种，定期盘存于每年六月及十二月行之，不定期盘存由总理室及主管科股随时定之，盘存时

重庆电力股份有限公司购买及处理材料暂行规则 0219-2-1

應作成盤存報告單，陳經理室核閱(另訂)

第廿一條 盤存材料如實存與帳面不符時，即應立時校正之，如實存多於帳面，即轉入材料盤盈科目，同時將多出之材料價值轉入材料帳，如實存少於帳面，即轉入材料盤損科目，將短缺之材料自材料帳中減去

第廿二條 材料盤存時如發現實存數量與帳目相差過大時，材料股應即查究另案呈核

第廿三條 各部已領用材料未能報銷轉帳者，應加入盤存計算

第十一章 結存報告

第廿四條 材料股每月月終應將材料帳結算，按材料分類編製月報表，年終結算時應製年報表，皆備三份（由經理室核查一份），一份存查，一送會計科，一送稽核室

第廿五條 各部份領用之暫記材料未經使用轉賬者，應另編報告三份呈核，一份留存，一份送會計科，一份送稽核室

19-5

第十二章 旧料及废料处理

第廿六条 旧料及废料材料股应另分别列帐按材料之种类分户

第廿七条 旧料废料应先估计残余价值然后以原价与残余价值之差额转入损益帐中

第廿八条 所存废料至少每年处理一次

第廿九条 出售材料如售价高于或低于估价时应将入损益帐

第三十条 修理旧料所增加之费用加入该料价值中并行由旧料帐中转入材料帐

第卅一条 本公司向外购进之旧料应登入旧料分户帐

第卅二条 旧料废料之收发领用悉照本规则之规定办理

第十三章 运送中材料

第卅三条 运送中未到材料在结帐时（月结年结）均应借记结价以运送中

材料科目加入材料帐

第卅四條　運送中材料於收到時如發現少於或多於發票數量金額而無法

時即行轉入損益帳中

第十四章　材料單價之計算

第卅五條　材料之價值應以其原價加上運費力資及稅捐等一併計算其單

價應以其總價值以總數量計算之小數二位以下四捨五入

第卅六條　發出材料之單價採用加權平均法計算之

第十三章　附則

第卅七條　本辦法經董事會通過實行修改時亦同

重庆电力股份有限公司购买及处理材料暂行规则　0219-2-1

重庆电力股份有限公司职员福利委员会组织章程　0219–1–1

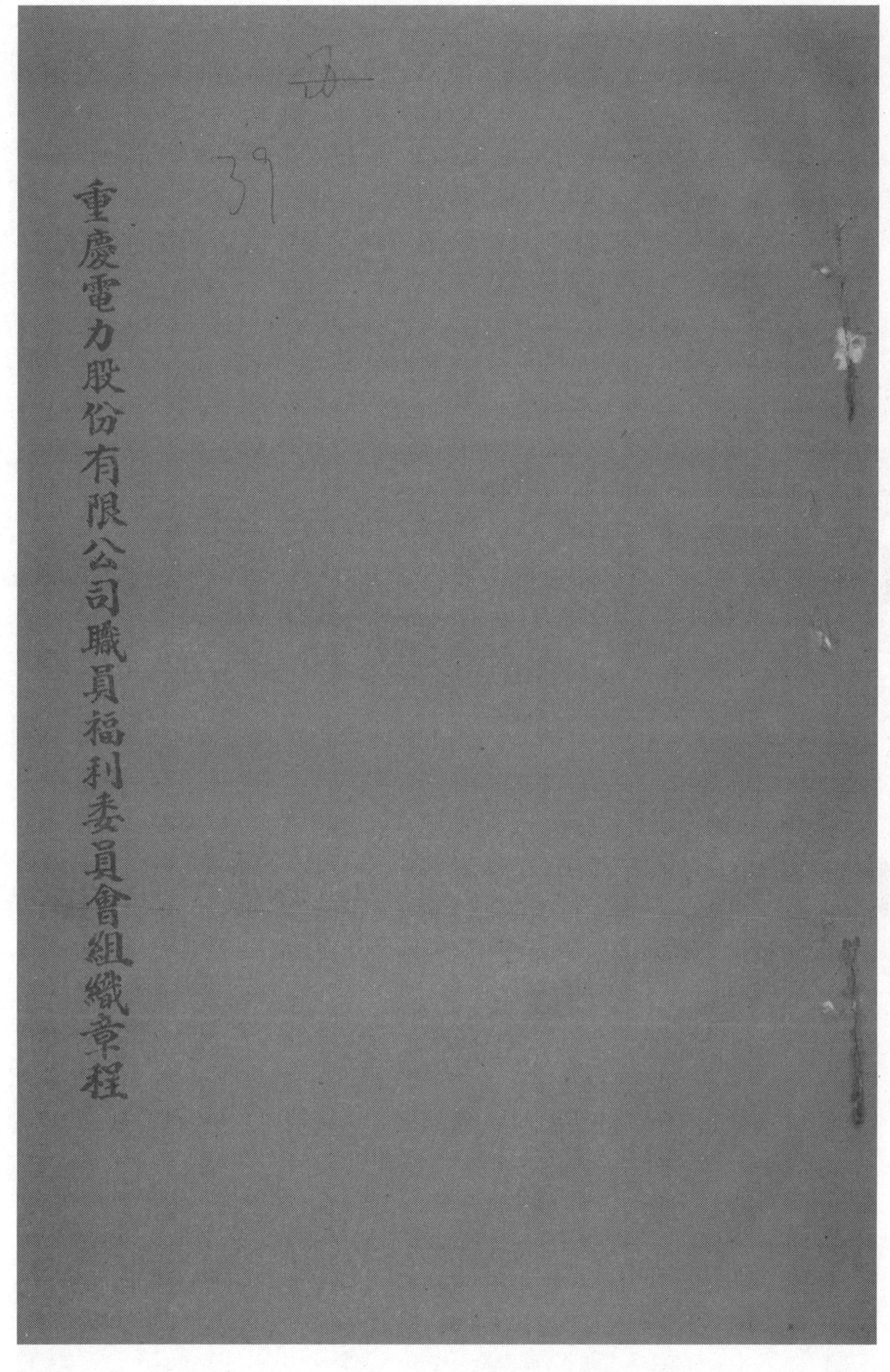
重慶電力股份有限公司職員福利委員會組織章程

重庆电力股份有限公司职员福利委员会组织章程　0219-1-1

40

重慶電力股份有限公司職工福利委員會組織章程

第一章　總則

第一條　本會為增進職工福利特遵照部頒職工福利委員會組織規程，並參酌本公司之實際情形組織之。

第二條　本會定名為「重慶電力股份有限公司職工福利委員會」

第三條　本會會址設於重慶電力股份有限公司總公司內

第二章　權利與義務

第四條　凡本公司職工均有遵守本會會章、按期繳納福利費及履行本會決議之義務、

60-1

第五條　凡本公司職工均得享有本會一切福利設施之權利。

第三章　組織及職權

第六條　本會由公司指派代表一人職工各選出代表九人組織之除公司代表外任期一年連選得連任

第七條　前條職工代表之選舉辦法由本會另訂之

第八條　本會設主任委員一人由公司代表担任處理日常事務設稽核一人由主任委員就委員中遴任之負責辦理本會一切財務收支之稽核事宜

第九條　本會由公司代表一人職工各相互選出常務委員

61

五十一人共九人組織常務委員會依照本會之意旨及決議負責推動一切經常會務

第十條 本會之職權如左：

一、關於福利事業之計劃審議及督導推進事項

二、關於福利基金之籌集保管及運用事項

三、關於事業經費之分配稽核事項

四、關於收支預算決算之審查及公佈事項

五、關於人事任免調遣及獎懲之核定事項

六、其他有關職工福利事項

第十一條 本會設職工福利社為本會之業務執行機構遵照

41-1

第十二條　本會之决議負責辦理一切福利事業

職工福利社設總幹事一人副總幹事二人由本會聘任秉承本會之意旨綜理一切社務社內分設總務文教供應康樂會計五組每組設主任幹事一人幹事雇員若干人除會計組主任幹事請由公司派任外由常務委員會决定主任委員具名聘任之

第十三條　職工福利社所屬員工以就公司現有職工中聘任為原則但必要時得請由公司專派充任之

第四章　會務

第十四條　總務組辦理文書保管事務交際及其他一切有關

重庆电力股份有限公司职员福利委员会组织章程　0219-1-1

42

事宜

第十五條　文教組辦理學術進修子弟教育及其他一切文化事宜

第十六條　供應組辦理一切職工生活必需物資設備之供應及分配事宜

第十七條　康樂組辦理一切職工之衛生娛樂及業餘生活之改進事宜

第十八條　會計組辦理收支登記及預算決算之編制事宜

第十九條　職工福利社之事業計劃及辦事細則另訂之

第五章　會議

62-1

第二十條　本會每月召開常會一次但必要時得由主任委員或常務委員會之決議或經委員三分之一以上人數之請求召開臨時會議

第二十一條　常務委員會每週召開一次但必要時得由主任委員或經常務委員三分之一以上人數之請求臨時召集之

第二十二條　本會常會臨時會常務委員會均以三分之二以上委員之出席出席委員半數以上之同意行之

第六章　經費

第二十三條　本會福利基金之來源如左：

一、由公司就资本总额提拨百分之五

二、由公司每月比照职工薪津总额提拨百分之五

三、由各职工於每月薪津内扣缴千分之五

四、公司年终结算有盈余时由公司就盈余项下提拨百分之五

五、公司废料变卖时提拨百分之二十

六、董事会临时拨交运用之基金

第二十四条　本会基金存本会决议指定银行

第二十五条　本会账目每月月终结算并揭示公佈

第七章　附则

43-1

第二十六條　本章程經委員會通過并呈准主管官署備案後施行

第二十七條　本章程如有未盡善事宜得由委員會決議增改并呈報主管官署備案

重庆电力股份有限公司职工奖惩规则　0219-2-45

重慶電力股份有限公司職工獎懲規則

第一條　本公司所有職工之功過勤惰依本規則考核獎懲之

第二條　職工工作成績之考核於每年年終舉行但遇有特殊功績或重大過犯者得由總經理隨時獎懲之

第三條　職工之考核獎懲於每年年終由總經理報告於董事會

第四條　職工有左列情形者得予獎勵

1. 有特殊成績者

2. 有特殊貢献而經採納者

3. 勤能昭著者

4. 職工服務滿一年以上不曠職不請假或請事假不及規定日數者

第五條　奬勵方法如左

1、特奬或特别紅酬

2、升用

3、進級

4、記功

5、口頭嘉奬

凡記功二次者得進一級

第六條　職工有左列情形者應予懲戒

1、舞奬有據者

2、危害公務者

3、廢弛職務或不稱職守者

4、有不良嗜好經告戒不悛者

5、不守規則者

第七條　懲戒處分如左

1、開除

2、降職或降級

3、記過

4、扣薪

5、申斥

犯第七條第一項者除開除外得斟酌情形之輕重依法送請法院懲治或責令賠償

重庆电力股份有限公司职工奖惩规则　0219-2-45

第八條　職工功過經總經理之核准得互相抵銷

第九條　職工無故不到職守是謂曠職應按日扣薪曠職逾十日者開除

第十條　在規定辦公時間內職工不得無故離職如因有不得已之事故必須請假時應依照手續填具假單呈經各該科科長核轉總經理批准後方得離職否則以曠職論

但遇有特殊情事如發生急病或不可抗力之障碍時得事後補具請假手續但必須有相當証明方得追認

第十一條　職工事假每年合計不得逾二十日逾則按日扣薪全年事假至多不得過四十日逾即開除

第十二條　職工病假在一日以上者須提出醫生証明書否則以事假論病假以

重庆电力股份有限公司职工奖惩规则　0219-2-45

全年合計逾一百二十日者開除

第十三條　職工請假逾原定期應即續假其手續與請假同如不續假則所逾之時期以曠職論

第十四條　職工繼續服務已滿三年勤勞稱職絕少請假者其次年得由公司酌給休息假至多不得逾三十日假期內照常支給薪金

第十五條　職工繼續服務在十年以上除因重大過犯開除者外給予最後所支薪金一年之特別獎金如以後仍繼續服務每五年給予其最後所支薪金一年之特別獎金

第十六條　職工服務在二十五年以上自願退職者除照前條給與外[illegible]月給予其最後所支薪金之二分之一養老金其期間以十年為限

重庆电力股份有限公司职工奖惩规则 0219-2-45

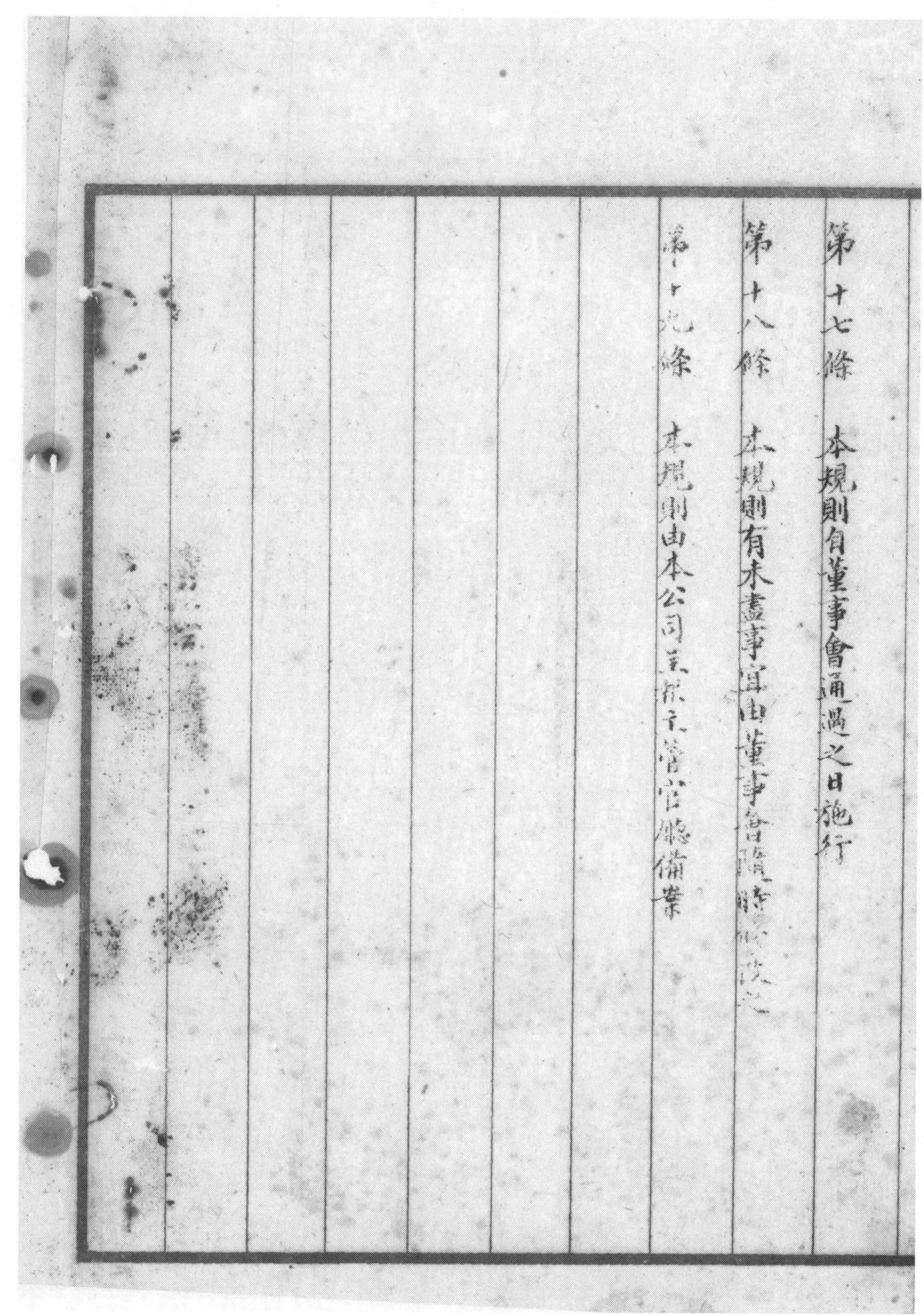

第十七條 本規則自董事會通過之日施行

第十八條 本規則有未盡事宜由董事會隨時修改之

第十九條 本規則由本公司呈报主管官廳備案

重庆电力股份有限公司经营电气事业各种应用细则汇编　0219-2-34

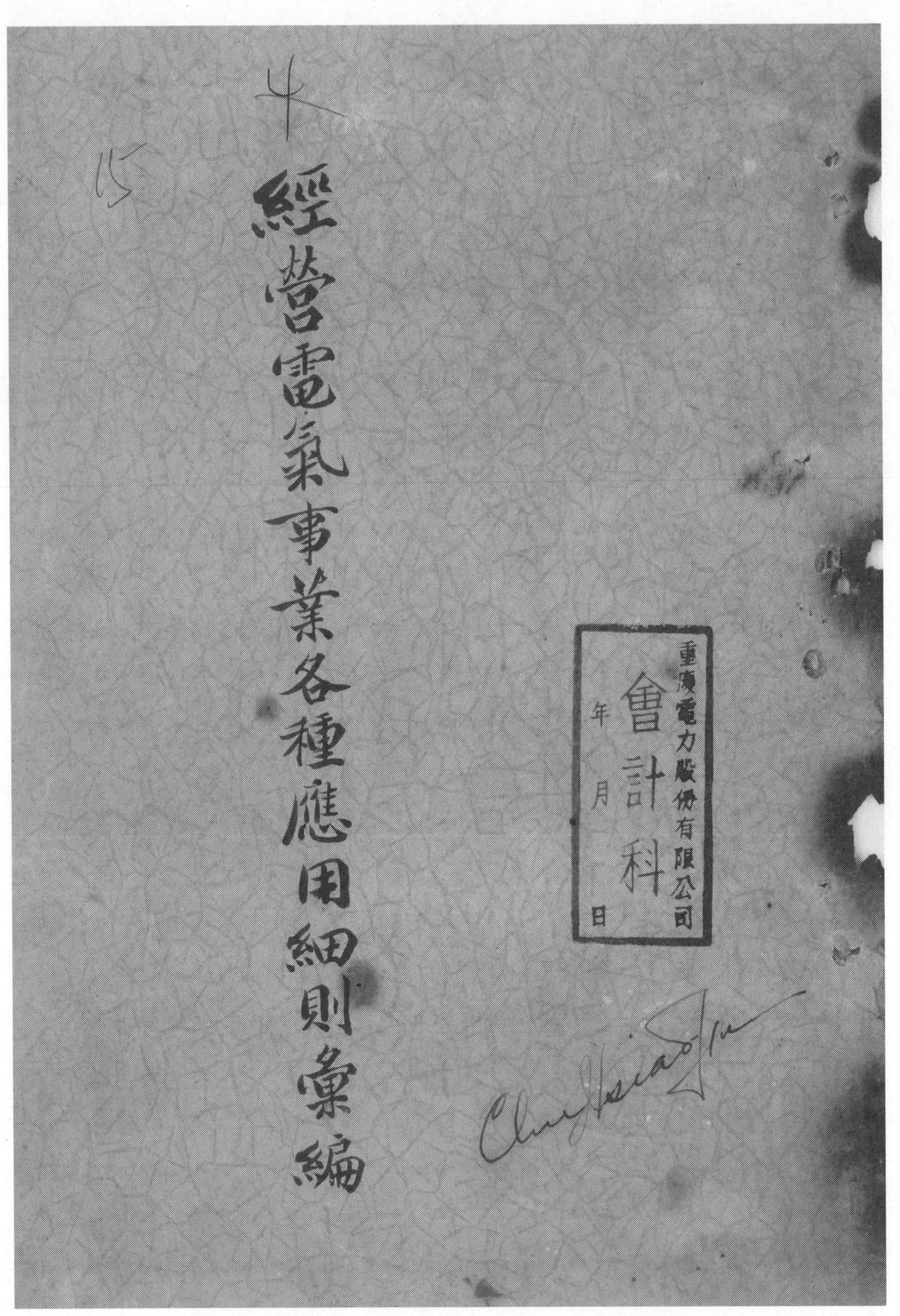

修正電氣事業條例

十九年三月三十一日國民政府公布
二十三年二月二十七日國民政府修正公布

第一條　本條例所稱電氣事業，謂應一般之需用，供給電光，電力，電熱之營業。經中央主管機關核准，登記，給照，經營電氣事業者，稱爲電氣事業人。

第二條　本條例所稱中央主管機關，爲建設委員會。地方監督機關，爲省建設廳及市縣政府。

第三條　本條例所稱工作物，謂因供給電光，電力，電熱所爲之一切設備。所稱綫路，謂輸送電氣之導體及其附屬之設備。

第四條　經營電氣事業者，無論公營，民營，非經中央主管機關登記，發給營業執照及營業區域圖，幷經地方監督機關備案後，不得開始營業。

電氣事業之登記取締，及其工作物之標準與裝置規則，由中央主管機關規定之。

第五條　電氣事業人非呈由地方監督機關轉呈中央主管機關核准，不得與外人經營之電氣事業訂立買賣電流合同。

第六條　電氣事業非經國民政府特許，不得借用外資。

第七條　電氣事業實收股本，或資本之總額，至少應佔其投資總額百分之三十。投資總額，至少應爲其每年營業總收入之一倍。

重庆电力股份有限公司经营电气事业各种应用细则汇编　0219-2-34

16-1

修正電氣事業條例　　二

投資總額爲實收股本或資本及已發行之公司債與其他長期借款之和數。

第八條　電氣事業人如欲擴充設備，得呈經建設委員會及實業部許可，依照法令規定發行債券。但其總額不得超過現存資產二分之一。

第九條　電氣事業人因工程之必要，經主管機關之許可，得使用河川，溝渠，橋梁，提防，道路，但以不妨害其原有之效用爲限。

第十條　電氣事業人於必要時，得經土地所有人及占有人之許可，在其房屋上之空間，或無建築物之土地上，設施線路。

第十一條　對於妨礙線路之樹木或其他植物，電氣事業人經所有人及占有人之許可，得砍伐之。

第十二條　電氣事業人對於第九條至第十一條所列舉之事項，與所有人及占有人協議不諧時，得呈請所在地市縣政府處理之。如因避免特別危險或非常災害，不及呈請時，得先行處置。但應於三日內呈報所在地市縣政府，並通知所有人及占有人。

第十三條　第九條至第十二條情形，如致有損害時，應由電氣事業人補償之。

第十四條　本條例未規定事項，準用民營公用事業監督條例之規定。

第十五條　本條例自公布日施行。

電氣事業電壓週率標準規則

十九年九月十二日會令公布

第一條　電氣事業所用之電壓及週率，均應依照本規則所規定之標準。其在本規則公布前設置者，得仍其舊。

第二條　直流制之電壓，應以綫路滿載時之終點電壓爲標準。其電壓定爲二百二十及四百四十伏而脫兩種。

第三條　交流制之週率，定爲每秒鐘五十週波。其相數，定爲單相及三相兩種。

第四條　交流制之電壓，應以各輪電綫或配電綫滿載時之終點電壓爲標準，其各級伏而脫數規定如左：

二百十

二百二十—三百八十　三相四線

三百二十—四百四十　單相三線

二千二百

二千二百—三千八百　三相四線

重庆电力股份有限公司经营电气事业各种应用细则汇编　0219-2-34

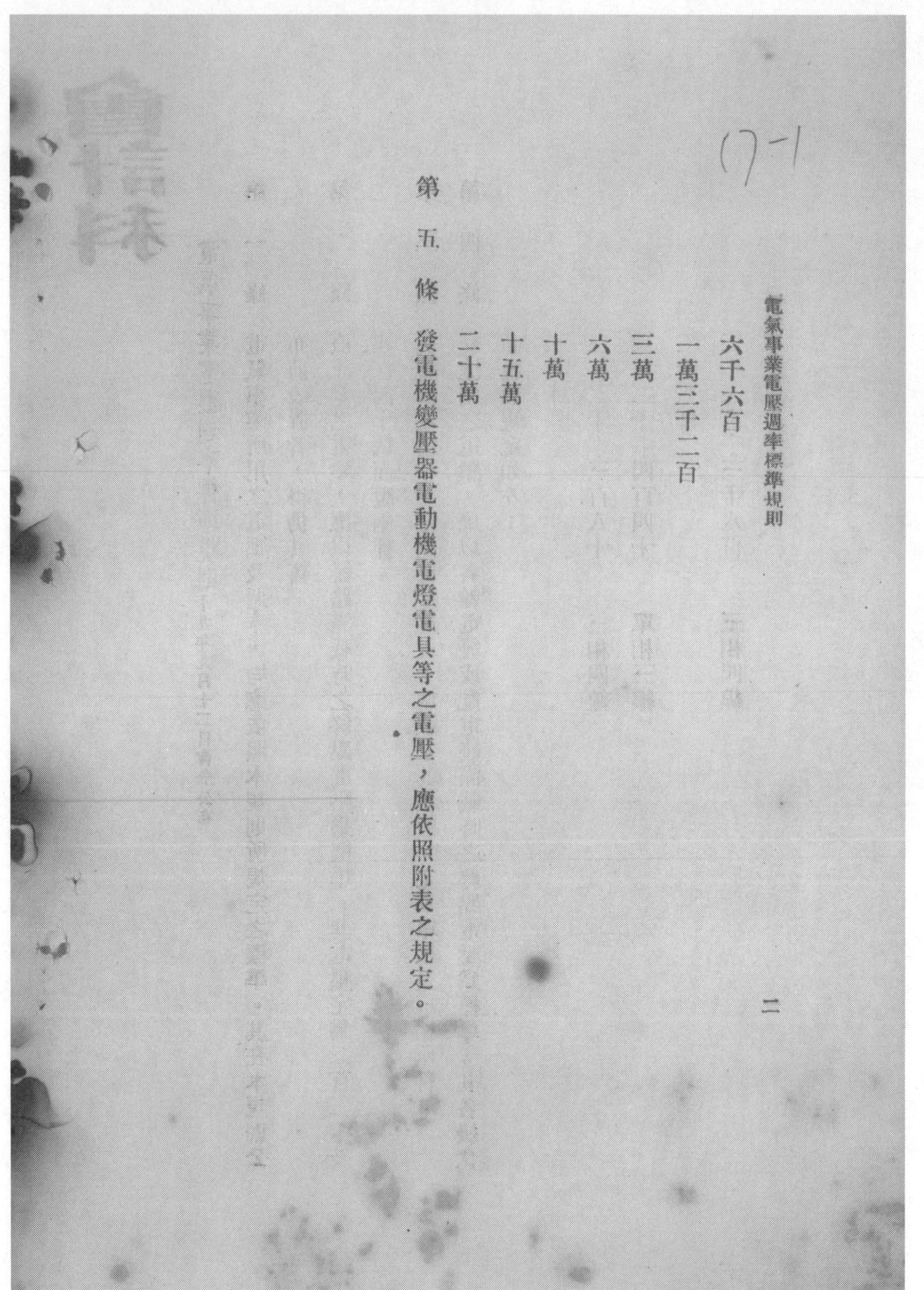

(17-1)

電氣事業電壓週率標準規則　二

六千六百

一萬三千二百

三萬

六萬

十萬

十五萬

二十萬

第五條　發電機變壓器電動機電燈電具等之電壓，應依照附表之規定。

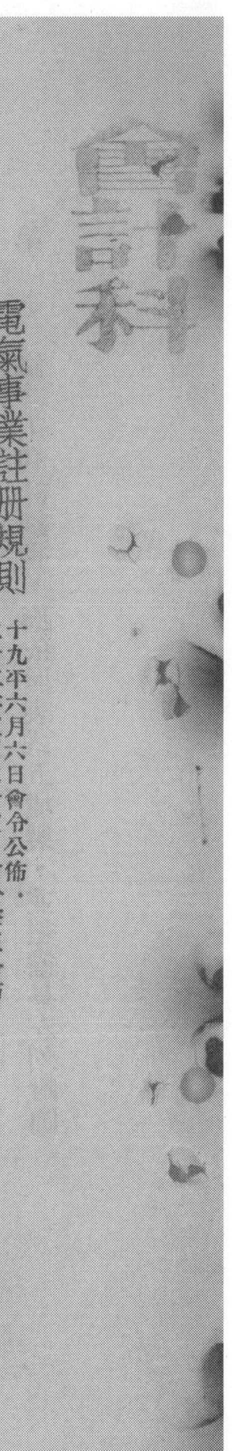

電氣事業註册規則

十九年六月六日會令公佈
二十二年五月二十五日會令修正公佈

第一條　凡電氣事業條例所規定之電氣事業，均須依照本規則聲請建設委員會註册給照，經核准後，方得營業及享有電氣事業人一切權利。

第二條　電氣事業之聲請註册，其具名人規定如下。

一、公營電氣事業，由主辦機關呈請或咨請之。

二、民營電氣事業，如係

甲、獨資經營者，由出資人呈請之：

乙、合資經營者，由出資人全體呈請之：

丙、公司，由公司代表呈請之，如爲股份有限公司，須由董事全體呈請之。

三、人民與公家合營之電氣事業，依照本條第二項第乙丙目辦理。

第三條　電氣事業之聲請註册，應備具左列書圖：

一、企業意見書（附營業區域圖）

重庆电力股份有限公司经营电气事业各种应用细则汇编　0219-2-34

19-1

二、創業概算書；

三、收支概算表；

四、工程計劃書（附線路分佈圖及發電所內線圖）；

五、營業章程概要；

六、投資人名簿或投資機關名稱；

七、首席聲請人及主任技術員履歷書。

第四條　企業意見書，應依照本規則表式一填製，其營業區域圖，得用當地地圖添繪顯明區域界線，撮要註明四至地名，並開明圖例縮尺及方向，由首席聲請人署名蓋章。

前項營業區域圖，經核准後，應另備具同式四份，呈送建設委員會蓋印存卷，並分發建設廳，市或縣政府，及該電氣事業人存查，以資信守。

第五條　創業概算書，應依照本規則表式二填製。

第六條　收支概算表，應依照本規則表式三及表式四填製。

第七條　工程計劃書，應依照表式五填製，並須備具左列附圖

一、線路分佈圖，須註明：

甲、發電所配電所及配電變壓器之位置及容量，

乙、各段線路之電壓及導線粗細，

丙、圖之方向及縮尺。

二、發電所內線圖，須按照通用線路格式，載明發電所內全部接線方法，不自發電者，以接受外來電力之主要配電所代之。

以上二圖，均須由主任技術員署名蓋章。

第八條　營業章程概要，應依照表式六塡製，其已擬有營業章程草案或印有正式營業章程者，須一併附送。

第九條　投資人名簿，應開具左列各款：

一、投資人姓名住址；

二、各投資人所認股數，每股票面銀數，及實繳銀數。

第十條　首席聲請人及主任技術員履歷書，應依照表式七塡製，其主任技術員畢業文憑或服務證明書之攝影或抄本，須一併附送。

重庆电力股份有限公司经营电气事业各种应用细则汇编　0219-2-34

第十一條　地方政府或主辦機關對於設立電氣事業意見書，即表式八，應由聲請人送呈註冊書圖時，一併送請當地地方政府塡具意見，如爲公營性質，則應由主辦機關塡具。

第十二條　聲請註册人塡製表式時，須向建設委員會領用空白表式，不另取費，但爲事實上之便利，得用同様格式大小紙張塡製。

第十三條　凡電氣事業在電氣事業條例施行以前設立者，除依據最近實情塡具本規則第三條所開各書圖外，應將其設立年月，組織經過，營業狀況，最近一年發電度數，及與行政機關所約定之條款，一併呈報。

第十四條　民營或人民與公家合營之電氣事業聲請註册，其呈送程序如左：

一、聲請人應備具本規則第三條所開書圖各三份，送呈當地地方政府，分別存轉。如營業區域跨連兩縣縣境者，應由電廠總事務所所在地之縣政府，取得鄰縣縣政府之同意後呈轉。

二、當地地方政府，除抽存書圖一份外，應依照表式八塡具意見書連同書圖二份呈送該省建設廳，由廳抽存一份，並將正本連同審查意見，轉呈建設委員會。

三、如當地地方政府直隸於行政院者，應於填具意見書後，連同審查意見，逕送建設委員會。

第十五條　公營電氣事業聲請註册時，應由該事業之主辦人，備具書圖三份，由主辦機關逕送建設委員會。

第十六條　電氣事業遇有變更名稱組織，或轉移營業權時，應照新創事業手續，重行聲請註册，換領執照，其已經主管機關核准之移轉合同契約，須一併附送。

第十七條　凡電氣事業，曾向國民政府交通部註册，領有執照者，須備具註册書圖三份，連同舊照，逕呈建設委員會。經核准後，由會換給執照，註册書圖副本二份，發交廳縣存查。

第十八條　電氣事業人營業期限屆滿前，應向建設委員會重行聲請註册。

第十九條　民營或人民與公家合營之電氣事業聲請註册，經核准後，應繳納左列各費：

一、註册費，按照資本總額千分之二繳納，其不足千元及千元以上之有畸零者，均以千元計算：

重庆电力股份有限公司经营电气事业各种应用细则汇编　0219-2-34

21-1

二、印花稅二元。

凡曾在國民政府交通部註册領照者，向建設委員會聲請換照時，得免繳註册費，惟資本如有增加，應照第二十一條辦理。

第二十條　公營電氣事業聲請註册，經核准後，應繳納註册費二百元，印花稅二元。

第二十一條　民營或人民與公家合營之電氣事業，因增加資本呈請換給執照者，不論原定資本額之多寡，應按照本規則第十九條之規定，照增加數添繳註册費。

第二十二條　本規則自公布日施行。

22

企業意見書

（電氣事業註册表式一）

（附註）塡寫各表之數目字須一律用阿拉伯字碼

建設委員會法規　電政類三號

（一）名稱及組織（名稱須冠以省市縣鎮村字樣）

（二）發電所及事務所所在地（註明詳細地址）

（三）事業種類（電燈電力電熱或兼營其他事業之名稱）

（四）資本總額及籌集方法　註明資本總額（國幣）已收及未收數及籌集方法有公司章程者一併附呈

（五）營業區域　註明區域內所有城鎮市鄉名稱依據註册規則第四條繪具營業區域圖同式四份一併呈由地方政府轉呈本會以備核准後蓋印分發保存

首席聲請人署名蓋章　　民國　　年　　月　　日

七

重庆电力股份有限公司经营电气事业各种应用细则汇编 0219-2-34

22-1

建設委員會法規 電政類三號

創業概算書（電氣事業註册表式二）

	元
（一）土地購用費	
（二）房屋建築費 事務所發電所配電所等一切建築工程屬之	
（三）發電所機器設備費 發電所内一切機器購置及裝配運輸費用屬之	
（四）線路設備費 桿綫及配電所之一切機件設備及裝置運輸費用屬之	
（五）流動資金	
（六）其他創業事務費	
總計	元

説明

首席聲請人署名蓋章　　民國　年　月　日

八

收入概算書（氣電事業註册表式三）

(一) 電 燈				月收		年收	
(甲)包燈制 瓦特約 盞	每月	元		元		元	
約 盞							
約 盞							
約 盞							
約 盞							
約 盞							
共他約 盞							
(乙)用表制 每月用電約 度	每度	角	分	元		元	
約 度							
約 度							
約 度							
約 度							
(二) 電 力（電熱附）							
每月用電約 度	每度	角	分				
約 度							
約 度							
約 度							
約 度							
(三) 雜 收							
(甲)表 租	每月	元	角	元		元	
(乙)其 他				元		元	
總 計							

首席聲請人署名蓋章　　　　民國　　年　　月　　日

重庆电力股份有限公司经营电气事业各种应用细则汇编　0219-2-34

23-1

建設委員會法規　電政類三號

支出概算書（電氣事業註册表式四）

款　　目	月支		年支	
（一）薪　金	元		元	
（二）工　資				
（三）燃　料　發電用之油煤等燃料費用屬之				
（四）購電費　向其他發電處所購買電流之費用屬之				
（五）消耗　發電配電所用之潤滑油棉紗等消耗物料費用屬之				
（六）修　理　各種修理費用屬之				
（七）折　舊　照固定資產年提百分之四至百分之七				
（八）事務費　管理及業務之費用屬之				
（九）捐　稅　法定地方捐稅屬之				
（十）呆　賬　凡一時不能收取之電費等項屬之				
（十一）其他費用				
總　　計	元		元	

（附註）如收支有虧應聲明彌補方法及將來計劃

首席聲請人署名蓋章　　　　民國　　年　　月　　日

一〇

24

17

工程計畫書 (電氣事業註册表式五)

(一)發電容量	機量總數 瓩		常用機量 瓩	
	(1) 瓩	(2) 瓩	(3) 瓩	(4) 瓩
	(5) 瓩	(6) 瓩	(7) 瓩	(8) 瓩
(二)原動力	(甲)原動機種類及方式			
	(乙)原動機數目	各座馬力		
	(丙)燃料種類		每日用數	
	(丁)鍋爐數目	共計受熱面積		平方公尺
	(戊)汽壓			大氣壓
	(己)其他			
(三)電氣方式	(甲)電流方式		週率	(週波)
	(乙)電壓			
	(子)發電電壓		(伏而脫),	相 線
	(丑)輸電電壓		(伏而脫),	相 線
	電線種類	粗 細		
	(寅)配電電壓		(伏而脫),	相 線
	電線種類	最大	最小	
	(卯)輸電變壓器之總容量			(開維愛)
	配電變壓器之總容量			(開維愛)
	(辰)接戶電壓(1)電燈用		(伏而脫),	相 線
	(2)電力用		(伏而脫),	相 線
	(3)其 他		(伏而脫),	相 線
(四)工程步驟	(甲)擬向何廠購機			
	(乙)全部工程需幾個月完成			
	(丙)預計何年何月開機			
	(丁)預計每度電需耗燃料若干			
	(戊)預計每度電成本若干			
	(己)預計幾年後可添若干機量			

主任技術員署名蓋章　　　　民國　　年　　月　　日

附註(一)不自發電者須附送與給電者所訂之正式合同副本(二)如廠已完成則工程步驟各款照實際情形塡寫
(三)如用水力機須註明河流或瀑布名稱進出水之地點及水力計算方法

建設委員會法規　電政類三號　一一

26-1

建設委員會法規　電政類三號

營業章程概要　（電氣事業註册表式六）

(一)每日送電時間

(二)詳細電價表及其他應徵各費

(三)其他關於電氣事業人與用戶相互間之權利及義務

首席聲請人署名蓋章　　　　民國　　年　　月　　日

（附註）其已擬有營業章程草案或印有正式營業章程者須一併附送

一三

建設委員會法規　電政類三號

首席聲請人及主任技術員履歷書（電氣事業註册表式七）

<table>
<tr><td rowspan="3">(一)首席聲請人</td><td>(甲)姓名　　年歲　　籍貫</td></tr>
<tr><td>(乙)學歷</td></tr>
<tr><td>(丙)經驗</td></tr>
<tr><td rowspan="3">(二)主任技術員</td><td>(甲)姓名　　年歲　　籍貫</td></tr>
<tr><td>(乙)學歷</td></tr>
<tr><td>(丙)經驗</td></tr>
<tr><td colspan="2">(附註)(一)如係公營電氣事業首席聲請人應爲廠長
(二)學歷經驗應註明時期年月
(三)主任技術員應附送畢業證書或服務證書之攝影或抄本</td></tr>
</table>

首席聲請人署名蓋章　　　　民國　　年　　月　　日

一三

重庆电力股份有限公司经营电气事业各种应用细则汇编　0219-2-34

25-1

建設委員會法規　電政類三號

地方政府或主辦機關對於設立電氣事業意見書（電氣事業註册表式八）

(一)當地人口及戶數	
(二)當地商業情形及主要出產	
(三)創設電氣事業之主旨	
(四)營業區域內有何工業需用電力之可能及預測各業所需馬力數	
(五)貨物運輸方法及是否便利	
(六)從前該地已否設有電氣事業現在已否停辦及停辦年月	
(七)對於所呈營業區域圖及所定電價之意見	
(八)其他事項	

地方政府或主辦機關長官署名蓋章　民國　年　月　日

（附註）本表應由聲請人於呈送註册書圖時呈主管市縣政府或主辦機關填寫呈轉

一四

電氣事業人許可營業年限及計算辦法

二十一年八月二十六日建設委員會呈報國民政府
二十一年九月六日國民政府指令備案
二十一年九月十五日建設委員會分行全國

（一）許可年限以三十年爲標準，但地方政府得提出意見轉請本會酌量伸縮之。

（二）許可年限起訖日期，規定如左：

甲、凡電氣事業人在民營公用事業監督條例公布以前開始營業者，以條例公布之日起算。

乙、凡在條例公布後成立者，以其營業開始後次年之正月一日起算。

丙、營業年限早有規定者，從其規定。

（三）電氣事業人合併時，因合而消滅之公司，其所餘營業年限，由合併後續存或另立之公司依法定手續取得之，其因各該公司之營業年限有差異而欲補足以期一致者，應於合併前呈由地方監督機關轉請中央主管機關核定。

建設委員會獎勵民營電氣事業暫行辦法（二十年五月三十日會令各民電公司遵照）

本會爲獎勵民營電氣事業之經濟業務工程改善起見，特定獎勵辦法如左：

第一條　凡合于電氣事業條例第一條之規定，經本會註册給照之電氣事業人，均有受獎之權利。

第二條　本會每年擇民營電氣事業人中之對于經濟，業務，及工程有特殊之成績者，給予榮譽獎狀。

第三條　榮譽獎狀內，除載明電氣事業人之名稱外，並載明其經理或廠長及主任技術員之姓名。

第四條　民營電氣事業人，除經本會特許外，每年四月底以前，應將上年之經濟，業務，工程報告，按本會規定格式塡註，並將其特別改進事項，詳細說明，呈會備核。

第五條　本會按電氣事業人呈送之上項報告，詳加攷核，並調查其是否屬實，擇尤給獎。

重庆电力股份有限公司经营电气事业各种应用细则汇编 0219-2-34

27-1

第六條 凡電氣事業人呈送各項報告已逾本會規定時期者，本年無受獎權。

第七條 應得獎狀之電氣事業人，除由本會發給獎狀外，並將其事業名稱公佈之。

取締軍警政機關部隊及所屬人員強用電流規則

二十二年十二月十三日軍事委員會建設委員會軍政部內政部會同公布

第一條 各地軍警政機關部隊用電付費辦法，由當地電氣事業人訂定，呈報主管機關核准備案後公布之。

第二條 軍警政機關部隊所屬人員住宅用電，應悉照當地電氣事業人營業章程付費。

第三條 軍警政機關部隊，遇當地電氣事業人訂有優待辦法時，應於聲請接電時，除依照普通用戶應辦手續外，取得各該地高級主管機關證明書，或由各該機關部隊，用正式印函聲請優待。

第四條 凡軍警政機關部隊，或其所屬人員住宅，如有不經電氣事業人之許可，在電氣事業人所設綫路上，擅自接電，強用電流，不照章程付費，或於報裝後，有竊電行爲，拒絕檢查補費者，其各該軍警政主管機關部隊，經電氣事業人呈訴查明屬實後，應協助電氣事業人停止其電流供給，並依法究辦。

第五條 本規則未盡事宜，得準用電氣事業取締規則及電氣事業人處理竊電規則辦理之。

28-1

第六條　本規則自公布日施行。

重庆电力股份有限公司经营电气事业各种应用细则汇编　0219-2-34

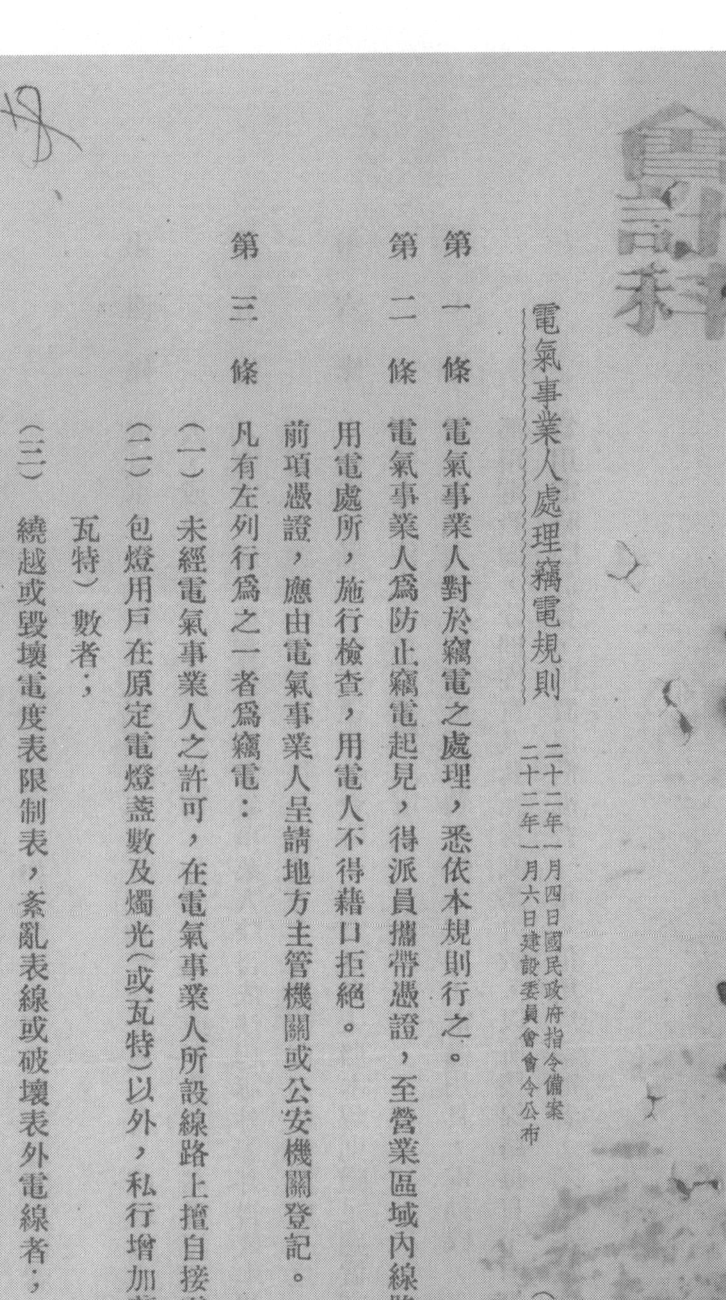

電氣事業人處理竊電規則　二十二年一月四日國民政府指令備案　二十二年一月六日建設委員會令公布　（法一八）

第一條　電氣事業人對於竊電之處理，悉依本規則行之。

第二條　電氣事業人爲防止竊電起見，得派員攜帶憑證，至營業區域內線路所經之地及用電處所，施行檢查，用電人不得藉口拒絕。

前項憑證，應由電氣事業人呈請地方主管機關或公安機關登記。

第三條　凡有左列行爲之一者爲竊電：

（一）未經電氣事業人之許可，在電氣事業人所設線路上擅自接電者；

（二）包燈用戶在原定電燈盞數及燭光（或瓦特）以外，私行增加盞數或燭光（瓦特）數者；

（三）繞越或毀壞電度表限制表，紊亂表線或破壞表外電線者；

（四）阻滯或擾亂電度表限制表之準確程度，以圖減少應繳電費者；

（五）故意損壞改動，或僞造電氣事業人所置之表件設備，或表外保護物之封誌或封印者；

電氣事業人處理竊電規則　一

重庆电力股份有限公司经营电气事业各种应用细则汇编　0219-2-34

（六）在電價較低之綫路上，私接電價較高之電器者；

（七）可向電氣事業人直接購電，而向他人購用竊來電氣者；

（八）其他以竊電爲目的之行爲。

第三款至第五款之情形，如表件不在用戶保管範圍以內者，用戶不負其責。

第四條　電氣事業人查獲竊電實據時，應有在職警務人員一人，或地方主管機關人員一人，或第三者二人以上之證明。如另有文件或照片者，亦得證明之。

第五條　凡竊電者經查獲實據後，電氣事業人除得依法起訴外，并得依本規則向其追償電費。如遇執行困難時，得呈請地方主管機關或高級機關處理之。

第六條　有竊電嫌疑者，恃强拒絕檢查時，或竊電者未照本規則繳足應償電費時，電氣事業人得停止供給其所需之電氣。

第七條　電氣事業人就查獲竊電者所裝電燈，電扇，電熱用具，電動機，或其他電器全部用電設備，分別性質及其瓦特或馬力數，以所接線路每日平均供電時間，作爲用電時間計算，照價追償電費一年。但用戶竊電者，須減去最近一年內已繳

30

之電費。

第八條　電氣事業人開業或用戶接電未滿一年者，以實在供電日數爲準。

凡竊電而致有妨害公安或損害電氣事業人財產之結果者，除照前條規定追償電費外，得依法訴請追償財產及其他一切損失。

第九條　電力電熱或其他電器之價格，未經電氣事業人規定者，照電燈價格追償電費。

第十條　電氣事業人追償表燈及包燈用戶電費時，分別以電度價及包燈價計算。

第十一條　竊電處所查獲電動機，每一馬力以八百瓦特計，電燈每燭光以一瓦特計。查獲燈座插座或接綫頭而未查獲燈泡或電器者，每個以五十瓦特計，概照電燈價格追償電費。

查獲未註明用電數量之電器者，應呈由地方主管機關鑑定之。

第十二條　竊電者如指出實施竊電工事之人，而經證實者，得減免追償電費部份百分之五十。

第十三條　關於電費追償事宜有爭執時，除已依法起訴者外，得請地方主管機關裁決。

第十四條　檢查竊電及舉發竊電獎勵辦法，電氣事業人得自行訂定，呈請地方主管機關備

重庆电力股份有限公司经营电气事业各种应用细则汇编　0219-2-34

301

案。

第十五條　本規則施行後，民國十九年四月二十四日建設委員會公布之『電氣事業人檢查竊電及追償電費規則』應即廢止。

第十六條　本規則自民國二十二年四月一日起施行。

31

企業意見書

（電氣事業註册表式一）

（一）名稱（名稱須冠以省市縣字樣）

（二）企業性質（註明公營民營或官商合辦）

（三）組織（註明獨資合夥或公司及公司之性質）

（四）發電所所在地（註明詳細地址）

（五）事務所所在地（註明詳細地址）

（六）營業種類（電燈電力電熱或兼營其他事業之名稱）

（七）投資總額及籌集方法（註明資本總額目前實收數及其籌集方法如有長期債款須一併註明有公司章程者須一併附呈）

（八）營業區域（註明區域內所有重要城市鄉鎮名稱並繪具營業區域圖同式四份一併附呈區域內如已有其他電氣事業應詳細開列并聲明處理辦法）

附註：填寫數字須一律用阿拉伯字碼款額須一律用國幣爲單位

首席聲請人署名蓋章　　　　民國　　年　　月　　日

重庆电力股份有限公司经营电气事业各种应用细则汇编 0219-2-34

32

創業概算書

（電氣事業註冊表式二）

	元
（一）發電設備費 發電所土地建築機器及電氣設備等之購價及裝運等費	
（二）輸電配電設備費 桿線配電所土地建築及一切設備與屋外變壓器等之購價與裝運等費	
（三）用電設備費 接戶線電度表出租機件路燈設備及特約用戶設備等之購價及裝運等費	
（四）業務設備費 事務所土地建築傢具修理運輸通信試驗等設備之購價及裝運等費	
（五）流動資金	
（六）其他創業事務費	
總計	元
說明	

附註：填寫數字須一律用阿拉伯字碼款額須一律用國幣爲單位

首席聲請人署名蓋章　　　　民國　　年　　月　　日

33

收入概算書

（電氣事業註册表式三）

(一)電燈				年收
(甲)表燈制 全年用電約	度	每度	元 角 分	元 角 分
(乙)包燈制 瓦特約	盞	每盞每月		
瓦特約	盞	每盞每月		
瓦特約	盞	每盞每月		
(二)電力				
全年用電約	度	每度		
(三)電熱				
全年用電約	度	每度		
(四)其他				
總計				元 角 分

附註：塡寫數字須一律用阿拉伯字碼款額須一律用國幣爲單位

首席聲請人署名蓋章　　　　民國　　年　　月　　日

重庆电力股份有限公司经营电气事业各种应用细则汇编 0219-2-34

34

支出概算書

（電氣事業註册表式四）

款 目	年 支
（一）薪金 職員薪金（如有伙食一併列入）及董事車馬費等	元
（二）工資 工匠及公役等工資（如有伙食一併列入）	
（三）燃料 發電用煤或油等燃料之購價及運費	
（四）購電費 向其他電氣公司購買電流之費用	
（五）潤滑油 各項潤滑機器之油脂等費用	
（六）消耗 日常消耗之各種物料	
（七）修繕 房屋建築及各項設備之修繕費	
（八）租費 土地房屋及各項設備之租費	
（九）事務費 車旅運輸廣告印刷郵電交際贈卹及財務律務費等	
（十）保險 房屋建築及各項設備之保險費	
（十一）呆賬 本屆攤提之呆賬準備或割銷之呆賬	
（十二）税捐 繳納中央或地方政府之報効金及税捐	
（十三）折舊 房屋建築及各項設備之折舊	
（十四）債款利息 各項長短期債款應付之利息	
（十五）其他費用 其他未列於上項科目之費用	
（十六）	
總 計	元
說明	

附註：（一）填寫數字須一律用阿拉伯字碼款額須一律用國幣爲單位

（二）如收支有虧應聲明彌補方法及將來計劃

首席聲請人署名蓋章　　　　民國　　年　　月　　日

工程計劃書

（電氣事業註册表式五）

發電總容量（瓩）					電氣方式	流	相		週波
發電設備	鍋爐	種類及式樣	座數	每座受熱面積	每座蒸發量	汽壓	汽溫	製造廠	裝置年月
	原動机	種類及式樣	座數	每座容量（馬力）		與發電机連接方法		製造廠	裝置年月
	發電机	種類及式樣	座數	每座容量（瓩）		電壓（伏）		製造廠	裝置年月
綫路設備	輸電	電壓（伏）	總長度（公里）		電綫種類及粗細	電桿種類		變壓器總容量（千伏安）	配電所數目
	高壓配電								
	低壓配電								
用戶電壓	電燈用	伏	電力用	伏	電熱用	伏	其他		伏
較驗電表設備									
燃料之種類來源及價格									
預計全部工程何時完成									
預計每度發電消耗燃料若干公斤									
預計每度電成本若干分									
將來擴充計劃									

附註：（一）填寫數字須一律用阿拉伯字碼款額須一律以國幣爲單位

（二）如向他廠購電須將購電合同一併附呈

（三）如係水力發電須將詳細工程情形另具報告一併附呈

主任技術員署名蓋章　　　　民國　　年　　月　　日

重庆电力股份有限公司经营电气事业各种应用细则汇编 0219-2-34

36 240

營業章程概要

（電氣事業註册表式六）

（一）每日供電時間
（二）詳細電價及其他收費
（甲）表燈價格
（乙）包燈價格
（丙）電力價格
（丁）電熱價格
（戊）其他收費（保證金接電費復電費等）
（三）其他關于電氣事業人與用戶相互間之權利及義務

附註：（一）填寫數字須一律用阿拉伯字碼款額須一律用國幣爲單位
（二）其已擬有或印有營業章程者須一併附呈

首席聲請人署名蓋章　　　民國　年　月　日

37

首席聲請人及主任技術員履歷書

（電氣事業註册表式七）

<table>
<tr><td rowspan="3">(一)首席聲請人</td><td>(甲)姓　名　　　年　歲　　　籍　貫</td></tr>
<tr><td>(乙)學　歷</td></tr>
<tr><td>(丙)經　驗</td></tr>
<tr><td rowspan="3">(二)主任技術員</td><td>(甲)姓　名　　　年　歲　　　籍　貫</td></tr>
<tr><td>(乙)學　歷</td></tr>
<tr><td>(丙)經　驗</td></tr>
<tr><td colspan="2">附註：(一)如係公營電氣事業首席聲請人應爲廠長
(二)學歷經驗應註明時期年月
(三)主任技術員應附呈畢業證書或服務證書之攝影或抄本
(四)三四等電廠得以技術顧問替代主任技術員</td></tr>
</table>

首席聲請人署名蓋章　　　　民國　　年　　月　　日

重庆电力股份有限公司经营电气事业各种应用细则汇编　0219-2-34

38

地方政府或主辦機關 對於設立電氣事業意見書 （電氣事業註册表式八）

（一）當地人口及戶數

（二）當地商業情形及主要出產

（三）創設電氣事業之主旨

（四）營業區域內有何工業有需用電力之可能及預測各業所需馬力數

（五）貨物運輸方法是否便利

（六）營業區域內已否設有電氣事業現在已否停辦及停辦年月

（七）對於所呈營業區域圖之意見

（八）對於所擬電價之意見

（九）其他事項

附註：本表應由聲請人於呈送註册書圖時送呈主管市縣政府或主辦機關填寫轉呈

地方政府或主辦機關長官署名蓋章　　　民國　　年　　月　　日

三、会议纪录

重庆电力股份有限公司董事会第一次会议纪录（一九三五年一月二十二日）　0219-2-320

第一册

重慶電力股份有限公司董事會第一次會議紀錄

時間：廿四年一月廿二日午后四鐘

地點：

出席：潘仲三　石體元　胡仲實　周季悔　康心如　劉航琛　盧作孚

(一)

陳懷先 陳懷先章

臨時主席 劉航琛

開會

決議事項

一 公推潘仲三為董事長康心如胡仲實為常務董事

二 董事長常務董事今日就職開始辦公

三 依照公司法規由發起人造報經過帳項

四 推定周董事季悔胡監察汝航照章檢查帳本并呈請建設廳派員檢驗

五 推定石董事体元审定公司章程

六 推定傅监察友周胡董事仲实照章拟定全部营业计划呈报

七 公司设置总经理一人综揽全体事务下设总务会计业务工务四科并置总工程师一人兼任工务科长

八 公推刘董事航琛任总经理由董事会备函聘请余由总经理酌定委任

九 筹备处临时营业部定一月底一併结束移交公司

十 关于华西公司建筑工程已完成者交由筹备处审核至月底一併移交未完之件自二月一日起全交公司

十一 華西代管工程月底定約到滿由公司遴派人員接收

十二 關於公司立案登記事項現公司既已依法組織正式成立應照規定備具手續聲請辦理

十三 籌備處人員過去人少薪微頗著勤勞各股主任尤未支給與焉現既定到結束着給奨金壹萬伍千元分給三股主任及全體職員以示酬庸

五點五十分散會

重庆电力股份有限公司董事会第二次会议纪录（一九三五年三月二十日） 0219-2-320

重慶電力股份有限公司董事會第二次會議紀錄

時間：廿四年三月廿日午后四鐘

地點：模範市場本公司

出席：潘仲三
石體元
張必果
胡仲實
甘典夔
周季悔
傅友周

重庆电力股份有限公司董事会第二次会议纪录（一九三五年三月二十日） 0219-2-320

陳懷先

盧作孚

胡汝航

（印：陳懷先章）（印：盧作孚印）（印：胡汝航印）

主席 石體元

紀錄 張念祖

開會

宣讀上次紀錄

討論事項

一 本會辦事人員設置案

議決：本會日常事務指定總務科文書股主任張念

祖兼辦并添派辦事員一人管理卷宗繕寫文件

二　本公司股票管理案

議決：本公司股票之登記發行過户領息等事項概由會計科管理在開始時間事務較繁得由總務科臨時指定公司其他職員襄助

三　總經理提職員薪級表案

議決：所提職員薪級表等級較少於職員按年進級殊感不便交由總經理修正提出下次董事會討論至總經理薪俸定為十級自三百元起每進一級加薪四十元至七百元止

四　討論本公司辦事細則案

議決：照案通過

五　討論電燈營業章程案

議決：修正通過

修正要點：電燈用戶每感低度過高用電不及底度亦應照低度認費照章程草案原定低底改為四折即原定底度為十度者改為四度餘推類

六　討論電力營業章程案

議決：修正通過

修正要點：將每匹馬力每月用電基本度數減銷原

重庆电力股份有限公司董事会第二次会议纪录（一九三五年三月二十日）　0219-2-320

草案五十匹馬力以上之用户始得另訂合同照定價酌减電費之規定改為十馬匹以上之用户即另議减價

七　討論電熱營業章程案

議决：修正通過

修正要點：草案規定之底度取銷以後即照實用度數收費以資推銷

五點四十分散會

重庆电力股份有限公司董事会第三次会议纪录（一九三五年四月十二日） 0219-2-320

6

重慶電力股份有限公司董事會第三次會議紀錄

時間：廿四年四月十二日午后四鐘

地點：模範市場本公司

出席：傅友周 周見三 陳懷先 甘典夔 胡仲賓 劉航琛 周季悔

重庆电力股份有限公司董事会第三次会议纪录（一九三五年四月十二日）　0219-2-320

胡汝航（胡汝航印）

主席　胡仲实

纪录　张念祖

开会

宣读上次会议纪录

讨论事项

一　电力营业章程经第二次会议通过，惟事务会议认为章程内电力电价及基本度数两点有修改之必要，提请覆议案

议决：基本度数一项为推销电力起见，仍照第二次

董事会议决取销，但为顾全公司损失，防范用户装置给电设备后，因故长时期停止用电计，以另以条文规定：如电力用户停止用电于相当时间以内，必须通知公司，否则应负赔偿责任。

电价一项，照事务会议各点修正。

二 电热章程经第二次会议通过，事务会议认为底度一项有规定之必要，提请复议案。

议决：公司新创，必须推广销场，暂时仍不规定底度，以后再斟酌情形提出修改。

三 戏院茶楼餐旅馆及其他公共场所或营业不稳固之用

重庆电力股份有限公司董事会第三次会议纪录（一九三五年四月十二日） 0219-2-320

户電费應半月一收以防倒騙案

議決：通過惟上列各種用户之經理或負責人信用昭著或有相當保證者仍一月收费一次

四 討論用户接户線敷設章程草案

議決：交常務董事審查

五 討論街线補助费章程草案

議決：交常務董事審查

六 討論職工撫卹規則草案

議決：交胡監查汝航審查

七 討論職工奬懲規則草案

重庆电力股份有限公司董事会第三次会议纪录（一九三五年四月十二日） 0219-2-320

議決：交胡監察汝航審查

八 討論竊電規則草案

議決：交常務董事審查

九 總經理擬修正職員薪級表案

議決：交胡監察汝航審查

十 董事會章程訂定案

議決：由常務董事起草提付下次會議討論

十一 購買老鼓樓地基建築公司辦公地點案

重庆电力股份有限公司董事会第三次会议纪录（一九三五年四月十二日） 0219-2-320

十二 本公司應聘請常年法律顧問案

議決：敦聘胡大律師汝航為本公司常年法律顧問

由董事會協議訂約

六時散會

重庆电力股份有限公司董事会第四次会议纪录（一九三五年五月二日） 0219-2-320

重慶電力股份有限公司董事會第四次會議紀錄

時間：廿四年五月二日午后四鐘

地點：模範市場本公司

出席：康心如 劉航琛 周見三 石體元 胡仲實 胡汝航

主席 石體元

重庆电力股份有限公司董事会第四次会议纪录（一九三五年五月二日） 0219-2-320

纪录 張念祖

開會

宣讀上次會議紀錄

討論事項

一 決定負責人員接收籌備處移交案

議決：公推周董事見三負責接收

二 舊廠機器房屋廢料如何處理案

議決：（甲）舊廠機器派工程人員檢查後由重慶各機械廠投標修理擦油裝箱相機出售

（乙）所存廢料如電桿電线廢鐵等應檢查遝

10

否成材及其破壞程度分别提用及拍賣打水機為整理電機之一部應全部合賣不能摘賣

（丙）廠房應保火險並保額若干請總經理酌辦

三 電話所電費應否照自來水公司電價計算案

議決：電話所用電量與自來水公司比較相差甚遠且自來水公司電力電燈同裝一表係前營業部在開創之初一時權宜辦法不能援以為例應照公司營業章程電力電燈分别裝表分别計價

四 電話所所裝馬達不合規定應否供電案

議決：照本公司章程規定一馬力以上之電動機須用三相馬達應將必用三相馬達之理由及單相馬達之危險函知電話所如必以已購之七馬力單相馬達勉強供用以後發生燒壞機器等事本公司不負責任

五 建築電器修理室化驗室紅爐房校表室案

議決：函請華西公司依照所擬圖式估計詳細工程材料預算商同本公司總經理辦理

六 前與華西公司所訂合同以外之線路可否仍由華西公司代為敷設案

議決：由本公司派工程人員會同華西公司測勘合同以

0000 11

外尚有若干线路將所需材料工程數目及其價值詳細計算交本會會議再決

七 添購變壓器以作損壞掉換及增設線路之準備案

議決：照本公司工程人員所擬數量添購以作準備

八 股東范紹增所繳股本係以總金庫期票壹萬零捌百伍拾元交公司殊此項期票屆期未能兌現前籌備處亦未如期照政府規定辦法登記掉換以現在情形論已受過期之損失應如何處理案

議決：請籌備處負責人與范股東交涉以現金換回總金庫期票如不負錯過期間之損失即由公司將此

重庆电力股份有限公司董事会第四次会议纪录（一九三五年五月二日） 0219-2-320

期票與政府規定之辦法擔保新公債保存

九　胡仲實董事報告審查接戶線敷設章程桿線補助費章程檢查竊電及追償電費章程

議決：接戶線敷設章程桿線補助費章程照審查意見修正通過

檢查竊電及追償電費章程因建設委員會公佈之電氣事業人檢查竊電及追償電費規則第十一條有本規則公佈後各電氣事業人所訂取締竊電章程一律無效之規則本公司即無另訂此項章程之必要應另擬獎勵密報竊電規則

以補助公司稽查用户窃電

十、胡監察報告審查職工懲獎規則職工撫卹規則及職員薪級表

議決：職工懲獎規則及職工撫卹規則照審查意見修正通過

職員薪級表每上一等之最低級金額似不應比下一等之最高級金額為多即下一等之最高級金額必須超過上一等之低級金額參照美豐銀行薪級表修正提付下次會議決定

五時四十分散會

重庆电力股份有限公司董事会第五次会议纪录（一九三五年五月二十四日） 0219-2-320

重慶電力股份有限公司董事會第五次會議紀錄

時间：廿四年五月廿四日午后四鐘

地點：模範市場本公司

出席：石體元
胡仲實
潘仲三
陳懷先
甘典夔
劉航琛
胡汝航

重庆电力股份有限公司董事会第五次会议纪录（一九三五年五月二十四日） 0219-2-320

周見三

主席 石體之

紀錄 張念祖

開會

宣讀上次紀錄

報告事項

一 總務科科長袁玉麟報告公司營業狀况

討論事項

一 改訂公司營業章程以從前會議通過之電燈電力電熱營業章程桿线補助費章程用户接户线章程

重庆电力股份有限公司董事会第五次会议纪录（一九三五年五月二十四日） 0219-2-320

五種合併訂定案

議決：照總經理所提改訂草案通過

二 討論修正職員薪級表案

議決：修正通過

照原表將等取銷分為三十八級

三 討論工務科清理檢查舊廠機器廢料之經過及修處分之意見報告案

議決：根據工務科報告將可用材料提留備用其餘廢料

廢鐵估價標賣即以售得之款作修理費用

四 公司立案手續應如何催促從速辦理案

議決：公司應從速向實業部及建設委員會立案前

因未確定負責辦理立案手續人員故遲至今日尚

未有具體辦法現決請由總經理聘請專門人員

速為辦理

五　本公司法律顧問可否改聘明誠法律事務所為律師案

議決：改聘明誠法律事務所為律師為本公司常年

法律顧問全年支給各律師公費洋共壹千元正

五點二十分散會

主席　石體元

重庆电力股份有限公司董事会第六次会议纪录（一九三五年七月二日）　0219-2-320

重慶電力股份有限公司董事會第六次會議紀錄

時間：廿四年七月二日午后四鐘

地點：模範市場本公司

出席：石體元
郭文欽
張必果
周季悔
周見三
劉航琛
胡汝航

重庆电力股份有限公司董事会第六次会议纪录（一九三五年七月二日） 0219-2-320

盧作孚

陳懷先

胡仲實

主席 石體元

紀錄 閻倬雲

開會

宣讀上次會議紀錄

報告事項

一 總務科科長袁玉麟報告公司營業狀況

討論事項

重庆电力股份有限公司董事会第六次会议纪录（一九三五年七月二日） 0219-2-320

一

討論職工懲獎規則及撫卹規則案

議決：修正通過

修正要點：(A)職工懲獎規則

1.第十四条原草案職工服務一年勤勞称職者即得請給休息假二十日兩年者五十日依此類推若服務至十年者得給假二百餘日此時人人請假公司將無職工辦事此條可修改為"職工繼續服務已滿三年勤勞称職絕少請假者其次年得由公司酌給休息假至多不得逾三十日假期內照常支給薪金"

(七)職工撫卹規則

1.第二條(四)項繼續服務五年以上者因公傷亡僅按月給予最後薪工金額四分之一之卹金似不足充喪葬之費且期限未定易生問題原草案改為"繼續服務在五年以上者除照(三)項給予十個月一次卹金外并年卹每月六分之一其期限最多不得過五年止"

2.(七)項因(四)項已給一次卹金毋庸另給喪葬費刪去

3.第四條原草案改為"繼續服務三年以上之職工六年未滿者卹五月六年上十年下者八月十年上十五年下者十月十五年以上除給十月卹金外年給卹金每月六

重庆电力股份有限公司董事会第六次会议纪录（一九三五年七月二日） 0219-2-320

分之一至五年止。

二 总经理提筹款五万元建筑公司办公房屋案

议决：公司办事房屋既不敷分配，年纳钜量租金，浚不合算，当以自建房屋为宜。惟所需材料费是否五万元足以敷用，请总经理拟具建筑图案，估计详细工程材料预称，交下次会议决定。

三 续招见习生卅名以资办事案

议决：通过。

四 拟购电业刊物电业专书增设图书室以资造就电气专门人才案

重庆电力股份有限公司董事会第六次会议纪录（一九三五年七月二日） 0219-2-320

議決：照擬通過

五　討論江北辦事處組織大綱及辦事細則案

議決：照擬通過惟組織大綱第十一條所載係辦事手續可移入辦事細則內

六　石董事提擬廠房添置變汽壓器門一部俾新機汽壓降至舊機相埒一旦新機失靈舊機立可儘車供電免致有停電數小時之虞案

議決：照擬購置變汽壓器門一部以一新舊機之汽壓而收同一立時供電之效能

五時卅分散會

主席石體元

重庆电力股份有限公司董事会第七次会议纪录（一九三五年八月二日）　0219-2-320

重慶電力股份有限公司董事會第七次會議紀錄

時間：廿四年八月二日午後四鐘

地點：模範市場本公司

出席：周見三　石體元　胡仲實　周季悔　張必果　劉航琛　胡汝航

重庆电力股份有限公司董事会第七次会议纪录（一九三五年八月二日） 0219-2-320

主席 周見三

紀錄 閻倬雲

開會

宣讀上次會議紀錄

報告事項

一 會計科〻長朱小佛報告廿三年臨時營業部及廿四年二月正式開始營業後收支盈虧狀況

二 石董事提以頃據朱科長報告本公司除由市府撥來省金庫收款據壹拾柒萬壹千伍百伍拾玖元玖角壹仙外尚差資本洋捌拾餘萬元可否照章程內所載貳百萬元之股款

重庆电力股份有限公司董事会第七次会议纪录（一九三五年八月二日） 0219-2-320

如撥募足以資整理案(2)查利益分配建委會規定不得超過百分之八十今章程訂定股東官息八釐紅利七十分顯與建委會規章相違可否將官息或紅利成分減少以符定章案

議決：(1)股　款　照章募足貳百萬元

(2)利益分配　官息仍照章程訂定八釐不變紅利可由百分之七十減為百分之六五餘五釐即提存公司特別公積金以期與建委會規章相符

討論事項

討論處理竊電規則案

一

議決：修正通過

修正要點：1、第四章第十二條原文中之"主管長官"四字因

本公司非同官廳可改為"主管人員"四字較善

2、第十七條(三)項原案中"百分之十四"之獎金增為

"百分之十六"(四)項"百分之六"增為"百分之八"(五)項"百分之二十"

減為"百分之十六"餘均照擬施行

二

追認派遣吳工程師錫瀛赴英考察電氣事業往來旅費

及考察期內月給薪金半數案

議決：既為公司儲人才所有旅費及考察期內津貼應予追

認

重庆电力股份有限公司董事会第七次会议纪录（一九三五年八月二日） 0219-2-320

P.17.

三 周董事季梅提請黄太冲會計師代擬本公司電氣事業會計科目案

議決：由公司函請黄會計師代訂本公司會計規程，酬勞費從優送

四 石董事提華西因所包全部工程專設完竣屢函催請派員查勘驗收擬請經理部剋日成立工務科派員驗收以便確定公司每月經費預算数目案

議決：由董事會函請劉總經理剋日將工務科組織成立，遴員辦理，以便勘收華西所包全部工程而定每月經費預算数目

五時廿分散會

主席 周見三

重庆电力股份有限公司董事会第八次会议纪录（一九三五年九月五日）　0219-2-320

0000 21

重慶電力股份有限公司董事會第八次會議紀錄

時間：廿四年九月五日午后五鐘

地點：模範市場本公司

出席：石體元

周見三

張必果

劉航琛

康心如

周季悔

胡汝航

主席 康心如

紀錄 閻倬雲

開會

宣讀上次會議紀錄

報告事項

一 總務科科長袁玉麟報告公司七月份營業狀況

二 曾子唯用電不給費聲称與公司訂有條約如何辦理案

議決：函前籌備處詢問對曾子唯用電曾否訂有其他契約行為再由總經理名義根據籌備處覆函請其付費否則實行剪火停止供電

重庆电力股份有限公司董事会第八次会议纪录（一九三五年九月五日） 0219-2-320

三 帳內所列各住戶遷移無法追收之呆帳如何處理案

議決：除恭謀圖六電臺所欠電費仍可設法催收外其餘實際呆帳僅六五·三五元為數無幾即由公司收欵內抵銷

四 查公司標賣前燭川廢料其中廢線一項僅民生公司以最高標價每斤二角五仙認買與公司所定最低標額相差懸遠倘擇尤自用在廢線中亦僅十分之四可用且高壓線粗細不等低壓線外皮亦多破壞若再加人工修理匪、惟所費甚大即施之工程亦危險實多此項廢線究竟如何處理案議決：廢线既粗细不匀，壞者復多，施之工程又覺危险，不若照民生公司所报二角五仙之標额售去，日後需用线料時另由公司備價購買新线，較爲一勞永逸，所存廢鐵既無人投買，從可緩諾異日出售。

五

劉總經理提議：自九月份起按照七月份收数四萬四千餘元之標準，除事業費需洋弍萬元、貸款子金需洋八千五百餘元外，至事業費非爲用户之接户线設備萬不可少時，其餘一概設備能緩者緩，至明春再辦，年底決不再事建設，餘積之款即作年底發息配红支付，可否之處請付表付案。

重庆电力股份有限公司董事会第八次会议纪录（一九三五年九月五日）　0219-2-320

議決：照此辦理惟上月份經理部與備械廠訂立之用電合同及已定購之變壓器二十具乃屬例外可作專案辦理

討論事項

一　公司立案手續案

議決：催促華西公司經理陸叔言從速完成營業計劃書及整理創立會決議錄以便交付劉總經理攜帶赴蓉向建廳辦理備案各項手續

二　增加股額辦法案

議決：發起人股額照章須認足全資本額二十分之

一方為合法兹本公司各發起人僅共認股本洋陸萬叁千元尚不足三萬七千元除由潘仲三康心如各加認股本洋壹萬元外劉航琛再加認貳萬元共湊成壹拾萬零叁千元以足法定之數至貳百萬元之資本總額尚差壹拾玖萬柒千元即分由各董監再擔募自壹萬元至兩萬元之數湊足總額以便辦理一切登記事宜

三 從速組織工務科以便派員辦理接收華西工程案

議決：華西所包全部工程尚有南岸過江綫未設未竣者已完工者由公司尅日組織工務科派員辦

重庆电力股份有限公司董事会第八次会议纪录（一九三五年九月五日） 0219-2-320

理接收未完工程由公司函催限日完成移交

至接收工程鑑定人員即函請鄧兩乙傅友周兩君向南京建委會商聘電學專家來渝檢驗鑑定

六時五十分散會

主席康心如

25

重慶電力股份有限公司董事會第九次會議紀錄

時間：廿四年十二月二十日午前十一鐘

地點：模範市場本公司

出席：胡仲實 周季悔 石體元 陳懷先 潘仲三 劉航琛 康心如

重庆电力股份有限公司董事会第九次会议纪录（一九三五年十二月二十日）　0219-2-320

主席　康心如

紀錄　閻倬雲

開會

宣讀上次會議紀錄

報告事項

一　朱科長小佛報告公司九十兩月份收支比較狀况并開辦至今營業收支比較毛益概略以及市府秀撥電力廠貸股增加柒拾萬除卅萬撥作官股外其餘肆拾萬照市府訓令抵補收買舊廠損失及路燈設備與遷費滙水子金開辦費等項不足情形因以上各項約計洋壹

百萬餘元除肆拾萬元抵補一部份外餘數以百分之十八攤撥利息百分之十二攤撥遷費及灘水則照實付金額分別撥入各組資產項下

議決：所報九十兩月份收支情形已悉市府前撥電力廠債股增加項下除卅萬作官股外餘肆拾萬當時議決係作收買舊廠損失及路燈設備與閩遷灘水子金等項補助費而舊廠機材各項廢料亦尚可變價補償當然肆拾萬元祇能抵補上項等費之一部份不足之数照會計科之特帳辦法處理

重庆电力股份有限公司董事会第九次会议纪录（一九三五年十二月二十日） 0219-2-320

二 報告公司劃分本市營業區域為二十四區理由
議決：照此辦理
三 報告九月十五日以前所收地鈔蒙受損失情形由
議決：地鈔損失係受政令八折影響並非辦理者之
咎所受損失數[illegible]應予核銷
四 報告拍賣舊廠廢料經過及所值金額數目並請示原
存機械應否裝箱案
議決：據報拍賣經過情形已悉所值貨款洋[illegible]即收
入會計科帳內餘存機材暫緩裝箱由公司擦油保
存函請民生華西兩機械廠代為設法變賣至

27

於廢鐵等類責由公司全權擬具辦法出售

五

報告華西公司送來三十號三十二號路燈工程驗收證正副二聯業已派員會同該公司所派監交人員暨路燈管理接收人員逐一點交清楚三方簽字由

議決：路燈工程既經三方派員點交清楚簽字各機關自當隨安隨交以便收取燈費函管理所函稱路燈三千餘盞問題查公司前與該所訂立路燈合約並未載明數量可函管理所說明前義函公司訂開之路燈設備費詳細研究係指電廠工程合同內所載凡高壓線五里低壓線五十英里所函之地

重庆电力股份有限公司董事会第九次会议纪录（一九三五年十二月二十日） 0219-2-320

之安裝各路灯材料費而言高壓綫五里低壓綫五十英里所經過之路灯均已安裝完畢以後該所對於路灯或遷移或裝置或撤消均須自行管理不與本公司相涉

六

報告建廳批示公司擬具章程等件呈請備案一案已蒙批准由

議決：第一步建廳備案手續已續完至第二第三兩步驟登記手續所有應需各項文件請由公司年内趕辦完竣交正則事務所代向全國建委會辦理登記

討論事項

一 證券交易所請委託開拍股票案

議決：函復證券交易所本公司現正辦理立案手續正式股票尚未發出俟將各項手續辦理完竣再行函託開拍云

二 公司職工請援杭州首都兩電廠先例優待職工家庭用電辦法案

議決：公司現時尚在折本期間且行營公務員七折通令尚未交涉收回以前各職工似不應於此時提出優待被人藉口此案可暫保留俟公司獲有贏餘時

重庆电力股份有限公司董事会第九次会议纪录（一九三五年十二月二十日） 0219-2-320

再行提付表决

三 公司因營業上需要訂購電錶三千只共去貨洋[illegible]元請照數追認案

議決：電錶為營業上供應必需之物應照先事籌措該訂電錶三千只之貨價洋[illegible]元當予照數追認

四 前次函託邱丙山君代向全川建委會商聘電氣專門人才來渝鑑定義西社包電廠全部工程茲據邱君覆函已請託伊之至好電力專家湯兆恒君前來接收湯君住地探詢其來洋行錢崇蔭君便知查湯君既已到渝究應如何辦理請付商討案

29

議決：由公司備函敦聘

五 電廠工程處職工呈請添聘中醫一員俾資治療茲已聘定國醫師曾慶臣君擔任月支薪金洋四十元請追認案

議決：照數追認

六 裘科長提行營公佈公務員七折付納電費公司損失太大請商處理案

議決：由總經理擬具處理辦法提付下次會議表決

七 公司未認足之股本洋拾萬元前經第八次會議議決分函各董監負擔募壹至弍萬元之股款茲屆年終擬請開

照認股數目以便辦理第二第三兩步登記事宜案

議決：未認足之股本由各董監分擔數目緩緩招募

至登記事宜已請公司將應需文件辦妥交由正

則事務所代辦

一時二十分散會

主席 康心如

重庆电力股份有限公司董事会第九次会议纪录（一九三五年十二月二十日） 0219-2-320

重庆电力股份有限公司董事会第十次会议纪录（一九三六年一月一日） 0219-2-320

重慶電力股份有限公司董事會第十次會議紀錄

時間：廿五年一月一日午后四鐘

地點：模範市場本公司

出席：劉航琛 張必果 康心如 胡仲實 陳懷先 石體元 周季梅

重庆电力股份有限公司董事会第十次会议纪录（一九三六年一月一日） 0219-2-320

胡汝航
周見三
主席 康心如
紀錄 闞倬雲

開會
宣讀上次會議紀錄
討論事項
一 本公司自去年二月即已開始營業辦事迄今尚未登記及股額各項手續皆未完成依法均有不合應如何處置案
議決：自民國廿四年十二月卅一日以前作為籌備時間

31

廿五年一月一日起始作為公司正式成立

二 預繳各股本如何給息案

議決：所有本公司之債務除有契約行為者外如

預繳股本等完全以週息八厘計給

三 行營批令減收電費案

議決：機關用電可由總經理酌商折扣辦理至職員

則因稽考困難損失太大萬難承認請公司推

具意見提供行營採擇施行

四 職員年終應否酌予津貼案

議決：(a)際此年終本公司各職員應予津貼以示獎

重庆电力股份有限公司董事会第十次会议纪录（一九三六年一月一日） 0219-2-320

勸其津貼辦法則按照各職員廿四年度所得一月
之薪金依其服務月份比例發給
（七）自廿五年起職工薪級之高低視其平日能率
效率之大小擬定之

五 因營業需要添置機器設備案
議決：資金之來源機材之選購等項由總經理擬
具詳細計劃交下次會議提出討論

五時廿分散會

主席 康心如

重庆电力股份有限公司董事会第十一次会议纪录（一九三六年六月二十二日）　0219-2-320

32

重慶電力股份有限公司董事會第十一次會議紀錄

時間：廿五年六月廿二日午后四鐘

地點：模範市場本公司

出席：

潘仲三　石攬（體）元代

石攬（體）元

陳懷先　攬（體）元代

胡仲實

重庆电力股份有限公司董事会第十一次会议纪录（一九三六年六月二十二日） 0219-2-320

27

劉航琛

周季悔

胡汝航

胡汝航印

主席 石體元

紀錄 閻倬雲

搖鈴開會

宣讀上次紀錄

報告事項

重庆电力股份有限公司董事会第十一次会议纪录（一九三六年六月二十二日） 0219-2-320

一 朱科長小佛報告廿五年度一二三四月份營業狀況
議決：表報已經查閱無訛
二 報告積欠電費及類似呆帳和呆帳之金額
議決：仍請總經理飭科繼續努力催收
三 報告行營通令減費交涉之經過及結果
議決：存查
四 辦理強用電流之經過
議決：由總經理具文請求行營查照南昌辦法頒行
取締法令
五 報告永遠租借南岸過江線鐵塔地權

重庆电力股份有限公司董事会第十一次会议纪录（一九三六年六月二十二日） 0219-2-320

議決：查本市及江北過江綫鐵塔地權均由市府發給管業証由本公司永遠管業南岸過江綫鐵塔地權事屬例永遠租借不另購買永端自己發業為是請經理部查案辦理

六 報告興寶源煤礦公司訂立購炭合同

議決：照辦

七 報告廿四年度年終考績加薪金額

議決：各職工辦事勤能計加薪額照數追認

八 報告檢定工程人湯兆恒報告書之要點

議決：檢定工程人湯兆恒報告書內列各點既認甚要函公

司對包本公司電廠全部工程優點較多請經理部催
全工務科組織即行接收管理查對舉缺點各項爲非合
同所載本公司應自行補加設備由經理部約聘查檢
定人公費由總經理斟酌送給本會予以追認可也

九　報告廿四年度決算報告總表

議決：報告無訛存查

十　劉總經理報告本公司爲因用户激增電力漸感不敷曾
於第十次大會提議添置機器設備嗣因復據水泥公司來函謂
該公司約計明年四月開工每日需用電力壹千啓羅瓦特本
公司既負責允供給該廠電力更應急行添設本人對於問

重庆电力股份有限公司董事会第十一次会议纪录（一九三六年六月二十二日） 0219-2-320

各機器廠接洽研究結果方某購買六千啓羅瓦特機器兩部不如購置四千五百啓羅瓦特機器兩部既可省錢伍拾萬元之譜而使用力量復相差無幾且安裝便利故決定改購其價款分期交付約可賒欠兩年息金六厘至八厘當立據訂立合同交付訂金機器一部十月交貨一部十二月交貨繼思為交付現金可享扣回子金利益籌集現款之方不外增加股本與發行公司債兩種蓋本公司股本現為壹百捌拾萬元再增加柒拾萬元共為貳百伍拾萬元公司債發行額擬與本公司股額齊足上述兩端擬請召集一次臨時股東會決定至合同原文刻未立洽，容專函取來交會審核此本公司第一步擴充計劃也及第二步擴充計劃則責在三部壹千啟羅瓦特舊機再購兩部四千伍百啟羅瓦特新機與原有兩部共為壹萬捌千啟羅瓦特則本公司電力當可與外埠各大電廠並駕齊驅矣

議決：本公司因營業需要添置機件本會前已決定購辦曾函追原則交總經理負責辦理今據劉總經理報告經過情形一切措施殊為允當本會應予全部追認函合同原文候劉總經理返到再為審核增加股本與發行公司債兩節本會全體贊成即決定七月十日為召集臨時股東大會之期本會當於開會前繼續開

重庆电力股份有限公司董事会第十一次会议纪录（一九三六年六月二十二日） 0219-2-320

一二 會準備提交股东會一切文件并推胡監察汝航起草公司債募集方案

（乙）討論事項

一 討論慕西公司代裝路燈自動開関一具所列材料工程各費比較原單估價超出洋[illegible]應否追認案

議決：工資認給增加材料費由總經理函請慕西開列材料費單審查後再付

二 討論工務科組織表及供分配人員與薪額案

議決：由總經理核定後提交下次董事會覆議

三 討論市府令派工務處長楊能睿為公司監察案

議决：市政府名係股东之一依法祇能派某某代表股权不能中途改派監察破壞公司法规此件由總經理商請市府自動撤回

四　討論市府令飭完納廿三年九月份起至廿四年十二月份止所欠營業年捐案

議决：本公司營業年捐市征收處現改成立照章照繳市征收處此件請由總經理商請市府撤回

五　討論正則事務所謝會計師函索公費洋壹千元案

議决：本公司立案事項前託謝會計師代辦公費原商定貳千元應補送洋壹千元以完手續并由董事長總經

重庆电力股份有限公司董事会第十一次会议纪录（一九三六年六月二十二日） 0219-2-320

理敦聘謝君為公司常年會計顧問辦理本公司此後一
切會計案件每月備送津貼洋伍拾元正

六、討論市府抽售股本壹拾萬元加入公共汽車公司並令飭
本公司從速註册案

議決：前准賣與非中國人本公司股東本應不讓賣惟須
先向市府聲明以立本公司所發之臨時股款收據須
俟市府將籌備處每月所給收據交還或立字據作
廢方能補發正式註册案已由市府呈報省府轉請
實業部註册矣

六時廿分散會

主席 石體元

五時卅分散會

主席石體元

重庆电力股份有限公司董事会第十三次会议纪录（一九三六年九月十九日） 0219-2-320

重慶電力股份有限公司董事會第十三次會議紀錄

時間：廿五年九月十九日午后四鐘

地點：模範市場本公司

出席：

石體元

周見三

康心之

盧作孚 周季悔代

周季悔

胡汝航

重庆电力股份有限公司董事会第十三次会议纪录（一九三六年九月十九日） 0219-2-320

39

胡仲实

主席 康心如

纪录 阚倬云

摇铃开会

宣读上次纪录

（甲）报告事项

一 襄科长报告廿五年度七八两月份营业状况

决议：表报已经查阅无讹存查

（乙）讨论事项

重庆电力股份有限公司董事会第十三次会议纪录（一九三六年九月十九日） 0219-2-320

一　昨奉市府轉奉　省府令准建設委員會復函謂本公司前呈註冊各項文件書圖逐一審查關於營業章程尚多未合且訂定電力及電燈電價均屬太高業經參酌渝市社會經濟情形暨本公司營業狀況另行改訂并限本公司於本年十月一日起遵照該會審查單所開各點分別更正並實行其餘關於註冊表式營業區域圖及工程各部份亦有未合亦須一併遵照改正究應如何遵辦案

決議：對所指正各條款一律遵照辦理惟減低電價一層因意旨係鼓勵大量用電起見亦應絕對奉行

40

不過本公司籌辦之初因受當時高滙影響負債過鉅且子金亦復太大迄今毫無利息可言而渝市洋油價值較電價高出數倍故市民之樂於用電對建委會限令減低電價一層根據上述理由呈請展緩至明年七月一日起實行

二

華西社包本公司全部工程已由鑑定人湯兆恆君列具鑑定報告書函復公司認為優點較多即請負責接收人周見三董事指示日期約同華西定具驗收手續以便交由工務科負責管理案

決議：由周董事見三約集程本臧科長下星期一

午正十二鐘立省銀行商商接收辦法

三　收買廠基地收辦法如何決定案

決議：由總經理用書面請託建設銀行召集各地權人商籌出讓辦法本公司以合理的原則範圍內收買否則由官廳評判

四　職工家庭用電請求五折優待案

決議：由總經理擬具優待職工用電辦法交下次會議決定

五時廿分散會

主席　康心如

重庆电力股份有限公司董事会第十三次会议纪录（一九三六年九月十九日）　0219-2-320

41

重慶電力股份有限公司董事會第十四次會議紀錄

時間：廿五年十月三十日午后三鐘

地點：模範市場本公司

出席：

石體元

潘仲三 石體元代

胡仲實

周季悔

盧作孚 童[illegible]代

重庆电力股份有限公司董事会第十四次会议纪录（一九三六年十月三十日） 0219-2-320

主席胡仲实
纪录阎倬云
摇铃开会
宣读上次纪录
报告事项
一 业务科长报告九月份营业及收支实况
决议：表报已经查阅無讹存查
二 报告交涉收买大溪沟厂侧地皮及地上建筑物与该
索价格经过情形
决议：由经理部在有利益的情态下与地权及屋

重庆电力股份有限公司董事会第十四次会议纪录（一九三六年十月三十日） 0219-2-320

42

主人交涉收買

三 報告收買南岸過電站地皮陸拾丈議價洋仟元案

決議：照該議價洋仟元購買

四 報告各職員受訓費用約計若干

決議：照數追認

五 報告參加防空協會後之急需設備

決議：因當設備不可緩者由經理盡量設備

六 報告新近招考見習生取錄名額不足預定之數設

中途遇事撤職或因事他去及病假者即感不敷分配擬

請再增考四名案

決議：照議擬補考四名

四時四十分散會

主席 胡仲實

重庆电力股份有限公司董事会第十四次会议纪录（一九三六年十月三十日） 0219-2-320

重庆电力股份有限公司董事会第十五次会议纪录（一九三六年十二月二十九日） 0219-2-320

重慶電力股份有限公司董事會第十五次會議紀錄

時間：廿五年十二月廿九日午后四鐘

地點：模範市場本公司

出席：

周見三到

康心如到

胡仲實

胡叔潛到

石[illegible]

重庆电力股份有限公司董事会第十五次会议纪录（一九三六年十二月二十九日） 0219-2-320

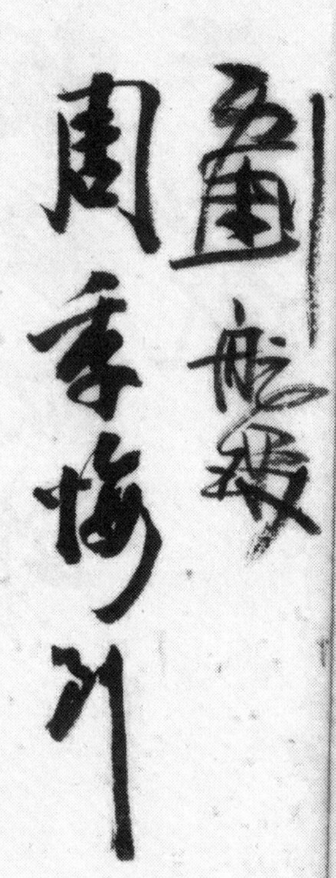

主席康心如

紀錄闞倬雲

搖鈴開會

宣讀上次紀錄

(甲)報告事項

一 袁科長報告十月份十一月份收支概況

決議：兩月份表報均經查閱蓋章無訛備查

44

二 報告收買廠側地皮及地面建築物未洽惟抗繼辦正

決議：如數追認

三 報告訂購新機各合同內容、貨款總價、匯送金額、及與華西簽訂建築廠房合約情形

決議：此案由總經理辦理完畢再以函報董事會備查

(乙) 討論事項

一 討論市府為曾子唯拍照籌備處認允供電不加代價原函呈請備案令飭遵照案

決議：市府由公司呈覆列舉建委會規章并呈明

重庆电力股份有限公司董事会第十五次会议纪录（一九三六年十二月二十九日） 0219-2-320

重庆电力股份有限公司董事会第十五次会议纪录（一九三六年十二月二十九日） 0219-2-320

礙難破例理由曾子唯方面則由公司說明本公司未據籌備處移交各從無刊且當日籌備處另給有叁萬元之酬勞不能再有電燈電扇電價之享受如再不付費即依據公司營業章程實行剪火

二　討論工人年終分享紅酬案

決議：依據建委會直轄各電廠「工廠規則」工人以日計工者分享紅酬之必要無全年無過失之工人年終加給工資月之獎金可也

三　討論職工家庭用電減費案

決議：暫以廿六年一年為試辦期期滿由董事會斟酌利弊再行核定

四　水坑廠電爐廠應如何付費案

決議：該兩廠建設時期暫以八分付費若正式合約訂立即解除此約

五　擴充供電路線案

決議：預先存儲材料續期再行擴充

六時三十分散會

主席　康心如

重庆电力股份有限公司董事会第十六次会议纪录（一九三七年二月一日） 0219-2-320

重慶電力股份有限公司董事會第十六次會議紀錄

時間：廿六年二月一日午後四鐘

地點：本公司模範市場

出席：

石　鍔（手写）

潘仲三　石鍔代

胡仲實

周季悔（手写）

周見三

重庆电力股份有限公司董事会第十六次会议纪录（一九三七年二月一日） 0219-2-320

康心如

主席 康心如

纪録 阎倬雲

摇鈴開會

宣讀上次纪錄

報告事項

一 袁科長報告廿五年度盈餘分配案係遵照公司章程及第十五次董事會議決案處理其數字載在報告書帳目欄(下)表不再贅述

決議：廿五年度盈餘分配案均係照章分配為准

重庆电力股份有限公司董事会第十六次会议纪录（一九三七年二月一日） 0219-2-320

二

通過

胡董事仲實提議謂盈餘分配案中計列職員酬金一項前據第十五次董事會決議以電廠工程全係美西公司代營電力公司尚未驗收所有該廠全體職員工無分享本公司此次紅酬之必要嗣據廠方職工來函謂工程雖係美西代營然職等亦係電力公司之事電力公司之盈餘職等實與有莫大辛勞此次紅酬當與公司職工同一比例享受等語本席以該職工等所稱不無理由特此提出請付討論

決議：(一)美西公司所包電廠全部工程前本公司表此

延不接收，後屬糾紛，請經理部在二月底前將驗收手續辦理完竣，同時將工務科組織成立，以便管理，並請與善西將代發帳項澈底結清。

（二）廿五年度職員酬金有重行研究之必要，由公司與善西公司兩方面職員職工以事務員、技術員、工匠等名稱分別造冊，交下屆董事會核定分配方法。在此次紅酬未經決定之前，各職工以年關在邇，不無需要，用由經理部暫行借支與公司方面職員三個月薪金額，工人方面以一個月工資為限，善西方面暫送五千元，嗣後紅酬決定，是項借支即由酬金內扣除。

重庆电力股份有限公司董事会第十六次会议纪录（一九三七年二月一日） 0219-2-320

提議事項

一 股紅息訂期何時發給案

決議：訂月底起發給股紅息

二 股東大會程序如何擬訂案

一 搖鈴開會

二 公推主席

三 審查股權

四 主席宣佈開會

五 董事長報告開會理由

六 監察人報告帳目

七 总经理报告廿五年度营业经过情形

八 董事长报告廿五年度盈余分配方案

九 股东临时提议

十 改选监察

十一 聚餐

十二 散会

六时二十分散会

主席 康心如

重庆电力股份有限公司董事会第十七次会议纪录（一九三七年三月七日） 0219-2-320

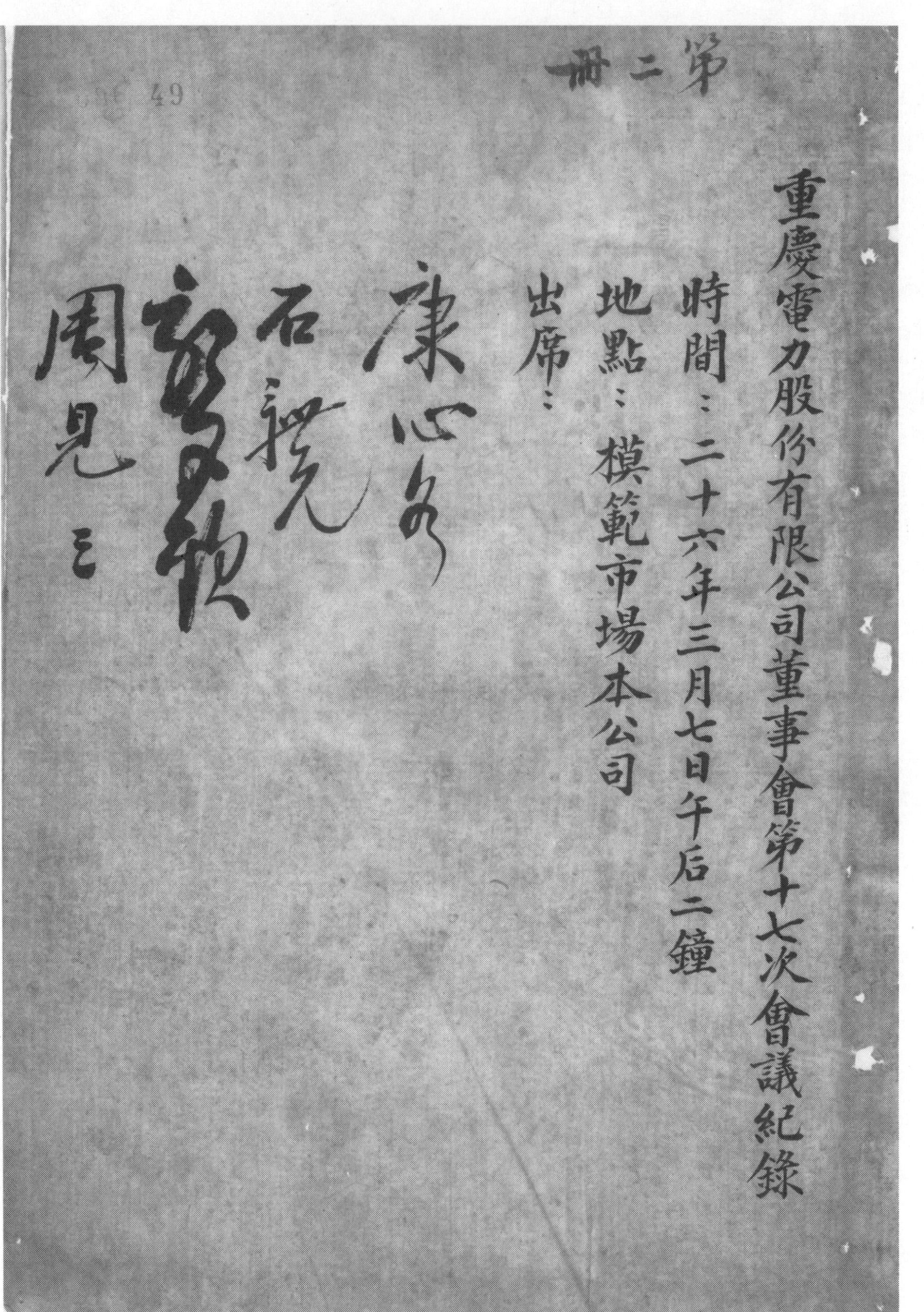

第二冊

DC 49

重慶電力股份有限公司董事會第十七次會議紀錄

時間：二十六年三月七日午后二鐘

地點：模範市場本公司

出席：

康心如

石體元

潘昌猷

周見三

重庆电力股份有限公司董事会第十七次会议纪录（一九三七年三月七日） 0219-2-320

何思睿

周季悔

刘航琛

胡仲实

主席 石體元

紀錄 閻倬雲

搖鈴開會

宣讀上次紀錄

重庆电力股份有限公司董事会第十七次会议纪录（一九三七年三月七日） 0219-2-320

（甲）報告事項

一 總經理報告廿六年度一二兩月份營業狀況

決議：兩月份表冊均經查核無訛存查

二 總經理報告廿五年度提出之職員紅酬四萬四千餘元其處理法：（一）義西公司代管職員本不必由本公司[illegible]但查自前年義西完工以後義西各次增加薪級辦法代管職員均未同樣待遇本公司自[illegible]特為優遇照義西所定薪級給（津貼除外）每月一千七百一十二元發給五個月（二）代管工匠照董事會議決案發一個月獎金（三）本公司職員發普通紅酬半年其到公司較晚或有升遷者照廿五年

計口百分之五十發給(四)工匠照董事會議決案給獎(五)廠警茶廚提出弍千元分別給獎等語

決議：照總經理所擬各項辦法辦理惟工務科長程本臧應照公司職員發給六個月紅賬以昭劃一

三

總經理報告程本臧科長建議訂購零星材料共五噸幣洋十[illegible]元請予追認案

決議：各項零星材料既為擴充所必需當然照辦惟九龍舖一帶設備費尚未列入且該擬數目與現時行市微有出入不能確定本會通過該擬原則辦法函究支款若干應俟訂購安裝工程完畢時由總經理具報

51

（四）

俟再行審核追認

總經理臨時提議（一）姜西工程代管費自前第十六次董事會議決撤銷後本總經理即姜開始向姜西索到代管實際費用並據姜西開來帳項自廿四年一月份起至是年十一月份止在本公司合同外續施工期內共用代管費洋[illegible]元除本公司付洋[illegible]元外尚欠洋[illegible]元又自廿四年十二月份起至本年二月底止十五個月期間共用代管費洋[illegible]元除本公司付洋[illegible]元外尚欠洋[illegible]元但本合同外續未完之前該項工程人員謂之為姜西可謂之為代管部份名可故在此際

重庆电力股份有限公司董事会第十七次会议纪录（一九三七年三月七日） 0219-2-320

所開之代管費久被攤不付給至廿四年十二月份起至本年二月底止計開之代管欠費因本公司工務科久不組成接收以致華西公司久管久墊故此項墊費惟錫光攤請大會商酌付給請衆公決（二）本公司自議決擴充設備添購新機後原有之一千啟羅瓦特發電機二部因民生公司盧總經理擬承備價購買以作開辦紗廠之用當時本人曾經鄭重考慮以為賣去舊機即以此款再買四千五百瓩新機一部不必增加鉅量資雖本不必添購廠地即可合原有新機兩部配成一萬三千五百瓩發電廠一座將來公司事業發展開用兩部

重庆电力股份有限公司董事会第十七次会议纪录（一九三七年三月七日） 0219-2-320

52

尚有一部作為預備防免機器失靈之虞復獲新擴充增加一千五百啓羅瓦特發電力殊為合標準即應先但不知公意如何請付討論（三）本人因公務紛耘常往來京蓉兩地公司事務無暇處理擬請依據公司章程添聘協理一人俾資臂助以收行政迅速之效請公議

決議：（一）義西公司代管費在本公司全周外線工程未完以前設開支費用為總經理設擬不予付給自廿四年十月份起至本年十月底止設列之支費惟薪餉之發不無浪支推遲延之咎實在公司可補付三薪之由

經理部向義西負責人交涉辦（二）俟舊機買妥新機不必加股不必拓地公司頗為有利計劃縝密一致贊同交由總經理速與交涉決定（三）總經理公務殷繁不能常川住渝而公司事務又必隨時由人負責進行茲為增加效率計當依據公司章程添聘協理一人以資臂助其人選即由本會函聘總經理提出之吳受彤君充任

討論事項

一 討論周見三董事接收義西工程報告書

決議：據報告義西所包全部工程與合同核對略

重庆电力股份有限公司董事会第十七次会议纪录（一九三七年三月七日） 0219-2-320

53

有短少增加之處兩相比較增加部份所用金額為多且發電二年餘尚無故障發生足徵姜西施工精良由本會一面將報告書照抄一份送交經理部存查一面函復姜西驗收完竣合約所有義務即行解除

二 討論特別公積金如何處理案

決議：由特別公積金項下提出壹萬元作為特別酬勞金酬勞董事會及經理部份最高職員之有特殊勞績者其分配法董事長潘仲三酬壹千元代董事長石體元壹千元常務董事康心如壹千元又胡

仲賓壹千元，總經理劉航琛貳千元，總務科長袁玉麟捌百元，業務科長劉杰捌百元，會計科長朱小儕捌百元，工務科長程本臧捌百元。華西公司總經理胡叔潛籌办建設時对公司具有特别辛績，擬贈一千元，由公司繼續贈送特别酬勞金，以满五年為度，此項數目仍由董事會決議。已故劉科長刘君瑞身後蕭條，極堪憐憫，由公司開支項內捐贈洋捌百元，以示殊異。

三时五十分散會

主席石體元

重庆电力股份有限公司董事会第十八次会议纪录（一九三七年四月二十日） 0219-2-320

54

重慶電力股份有限公司董事第十八次會議紀錄

時間：民國廿六年四月廿日午后四鐘

地點：模範市場本公司會議室

出席：

康心如

石體元

周見三

胡仲實

周香梅

重庆电力股份有限公司董事会第十八次会议纪录（一九三七年四月二十日） 0219-2-320

何九淵

主席 石體元

紀錄 劉倬雲

搖鈴開會

宣讀上次

（甲）報告事項

一 會計科長朱小佛報告廿六年度六月份收支概況

決議：表冊已經查閱無訛存查

二 報告廿六年度全體職工警役加薪案

决議：照所擬通過，惟下次加薪必先於年度終了時加薪標準職員成績施行，分别擬具報告由董事會通過後實施，協理初級薪級定為二百六十元至六百六十元止，每級數目與總經理，總經理任職已久，應晉一級支薪

三 報告補付姜西代發費洋叁萬元案

决議：通過

四 報告應付姜西代發時所購存一切材料及合同外另設高低壓线各款案

决議：該項材料新舊不一，經理部可照該公司所開價

重庆电力股份有限公司董事会第十八次会议纪录（一九三七年四月二十日） 0219-2-320

重庆电力股份有限公司董事会第十八次会议纪录（一九三七年四月二十日） 0219-2-320

目八折標付

（乙）討論事項

一　規定董事會每月開會日期案

決議：定每月二十日為開會日期

二　商訂臨時股東大會日期案

決議：訂五月八日召開臨時股東大會除專緘通知各股東屆期蒞會外並登報公告

三　討論技術人員薪級案

決議：交經理部參酌其他民營電氣公司待遇技術人員酌依比較相當薪級表送下屆董事會核定

四 討論程總工程師擬改變一部份擴充建築工程案

決議：程總工程師所擬改變計劃既系一勞永逸且經費增加不多即照所擬辦理惟前與華西所訂建築合約不能不略有改變請總協理與該公司商酌更改

（丙）臨時提議

一 吳協理受彤提議成渝鐵路局用電辦法該局擬燈力不分統以三分六厘付費經商洽結果該項規約僅限於車站一定範圍以內若在其他辦公地方用電仍照本公司營業章程辦理請付表決案

決議：照案辦理

重庆电力股份有限公司董事会第十八次会议纪录（一九三七年四月二十日） 0219-2-320

二 出售舊電燈公司廢鐵案

決議：由經理部採取投標方式擬具招標廣告及簡章交董事會核議後訂定期公開拍賣

三 上屆董事會通過之添購材料案現已與英商公司簽訂合約應先交付訂金貨價總款四分之一約洋貳萬五千元又安利洋行透平機合約第三期付款到期亦應付洋伍萬餘元二共付洋捌萬陸千餘元之此款無着應如何籌付案

決議：由經理部向銀行商息借交付

五時四十分散會

57

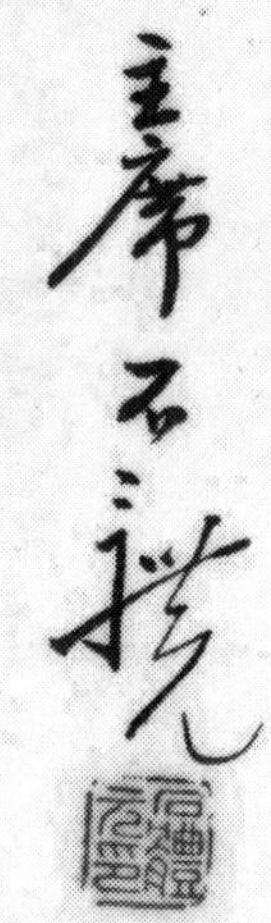

重庆电力股份有限公司董事会第十八次会议纪录（一九三七年四月二十日） 0219-2-320

重庆电力股份有限公司董事会第十九次会议纪录（一九三七年五月五日） 0219-2-320

重慶電力股份有限公司董事會第九次會議紀錄

時間：廿六年五月五日午后四鐘

地點：模範市場本公司

出席：

周見三

石體元

周季悔

胡汝航

重庆电力股份有限公司董事会第十九次会议纪录（一九三七年五月五日） 0219-2-320

胡仲實

劉航琛

盧作孚 胡季恂代

傅友周 列

列席：吴受彤 朱小佛

主席：石體之

紀錄：閻偉雲

搖鈴開會

宣讀上次紀錄

（甲）報告事項

一 會計科長朱小佛報告廿六年度四月份收支概況

決議：查閱表冊無訛存查

（乙）討論事項

一 發行公司債案

決議：公司因營業發展添購機材及債達壹百陸拾萬元之鉅，若在子金高昂之重慶市場下借款償付殊非合算，當以發行公司債爲宜，其債額決發行貳百伍拾萬與公司資本總額相埒，利息議

59

定日息八厘或週息一分偿还期间十年或八年发
行价额应在九二以上偿还方法由董事会与承受人
商洽办理

二 拟订大会程序案

决议：一 摇铃开会
二 公推主席
三 审查股权
四 主席宣布开会
五 董事长报告开会理由及提案
（甲）增加股本案

（乙）修改章程案

（丙）發行公司債案

六　增選董事四人

七　散會

三　招考見習生三十名以資辦事案

決議：通過。招考手續及待遇由經理部擬定交下屆會議核定。

四　添設化驗設備案

決議：化驗設備廠房方面極關重要，當不可缺，惟能設一合理而完善之化驗室需費甚多，決定暫照一萬

斟酌擬辦理

五　組織職員儲蓄條例案

決議：由經理部擬具儲蓄條例交下屆會議核定

六　職員制服規定案

決議：関於抄表員收費員因常出入用戶住宅為統一觀瞻易資辨識起見所有服裝制帽由公司規製發給若其他職員仍照規定自製可也

六時廿分散會

主席 [illegible]

重庆电力股份有限公司董事会第十九次会议纪录（一九三七年五月五日）　0219-2-320

重庆电力股份有限公司董事会第二十次会议纪录（一九三七年五月二十日）　0219-2-320

重慶電力股份有限公司董事會第二十次會議紀錄

時間：二十六年五月二十日午後四鐘

地點：模範市場本公司

出席：

劉季揚

徐廣遲

甯芷邨

石體元

周見三

重庆电力股份有限公司董事会第二十次会议纪录（一九三七年五月二十日） 0219-2-320

吴受彤

尹国墉 王君韧代

卢作孚 康心如代

何诋岩 吴受彤代

列席：會計科長朱小佛

主席 石體元

紀錄 閻倬雲

摇鈴開會

宣讀上次紀錄

（甲）報告事項

一 歡迎新董監就職

二 朱科長報告華西開列代管時所存材料及實設高低壓線等款計洋[illegible]遵照第十八次議決案照八折計付計應付洋[illegible]現五年已付洋[illegible]万元餘[illegible]準本底為數給清

決議：照此辦理

三 朱科長報告工務科程科長建議改善一部份廠房建築計劃前經董事會第十八次會議議決照所擬辦理開印函請華西公司閱於建議第一點不必開始

重庆电力股份有限公司董事会第二十次会议纪录（一九三七年五月二十日） 0219-2-320

工作第(二)第(三)兩點估價函復亦據復稱第(二)點需洋[illegible]第(三)點需洋[illegible]較之程科長所擬尚差不遠再與第(一)點應省款項[illegible]品迭實增洋[illegible]請討論案

決議：交總協理交涉辦理總以不超出此數或能減少更佳

(乙)討論事項

一 發行公司債手續如何商定案

決議：由本會將公司資產表及本會議決各要點抄寄劉總經理請其察照先向滬銀行界接洽承

63

受商订条例以便转向实业部呈请备案发行

五时卅分散会

主席

重庆电力股份有限公司董事会第二十一次会议纪录（一九三七年六月二十四日） 0219-2-320

重慶電力股份有限公司董事會第廿一次會議紀錄

時間：廿六年六月二十四日午後四鐘

地點：模範市場本公司

出席：

石 體元

徐 廣遲

周 季悔

盧 作孚 周季悔代

重庆电力股份有限公司董事会第二十一次会议纪录（一九三七年六月二十四日） 0219-2-320

吴受彤

傅友周

甯芷邨

胡仲實 甯芷邨代

何[illegible]崖

劉航琛

何北衡

重庆电力股份有限公司董事会第二十一次会议纪录（一九三七年六月二十四日） 0219-2-320

64-1

胡汝航

列席總務科長袁玉麟
會計科長朱小佛
業務科長劉靜之
工務科長程本臧
主席 石體元
紀錄 閻倬雲
搖鈴開會
宣讀上次紀錄

重庆电力股份有限公司董事会第二十一次会议纪录（一九三七年六月二十四日） 0219-2-320

65

（甲）報告事項

一　劉科長靜之報告廿六年度五月份營業收支概況

決議：查閱表冊無訛存查

二　程科長本職報告擴充工程計劃原擬本年三月新機裝竣四月開始發電殊因去年川江水位枯落運滬運宜之貨不能轉運來渝以致原擬計劃不克實現現在水位已漲新機材料亦已陸續運渝預計第一部於漢十節可以裝竣第二部機亦可於十月底完成請鑒核備查

決議：水泥廠開工用電設本公司舊有機器不勝負荷

重庆电力股份有限公司董事会第二十一次会议纪录（一九三七年六月二十四日） 0219-2-320

為線桿後十節裝安完竣後再請工務科隨時協商華西籌理

(乙) 討論事項

一 經理部擬送擬生通告及考委會辦事規程請核定案

決議：擬生名額及考委會辦事規程均照所擬通過

二 經理部擬送標賣舊電燈公司廢鐵廣告及簡章請核議案

決議：查標賣方式至少須有數人以上之競買方可採用今本公司廢鐵既無人爭購而價值規定

又無伸縮餘地不能公開議價殊難達速售目的不如由經理部採取接洽方式直接與鍊鋼廠或他方接洽出賣較為妥當事後再將售價報董事會備查

三 商釐公司債發行條例及利率案

決議：公司債發行條例及發行利率前次臨時股東大會既授權本會辦理本會復全權授託劉總經理請劉總經理日後赴滬與承受方接洽會擬妥當後再將詳細情形及條例草案函交本會決定施行

五時三十分散會

主席

重庆电力股份有限公司董事会第二十二次会议纪录（一九三七年七月二十日） 0219-2-320

0004 67

重慶電力股份有限公司董事會第二十二次會議紀錄

時間：二十六年七月二十日午后四鐘

地點：模範市場本公司會議室

出席：

周見三

周季悔

甯芷邨

徐維明（王君韌代）

尹國墉

吳受彤

石體元

康心如

何說巖

列席：總務科長 袁玉麟

業務科長 劉靜之

工務科長 程本臧

主席 石體元

紀錄 闔倬雲

摇鈴開會

宣讀上次紀錄

（甲）報告事項

一 業務科長劉静之報告廿六年度上期結算及六月份營業收支概况

決議：查閱表報無訛存查

二 總務科長袁玉麟報告本公司此次添購新機擴充廠房總計需款預算為壹百玖拾伍萬元前次決議僅增加

資本七十萬元所差甚鉅况原有設備復相差七十餘萬元本年度內各月對姻合同付款又皆由借貸而來每月子金爲數弗少平均每月約付洋壹萬餘元如以營業收入論較之上年度略有增加平均每月約收入洋九萬餘元但支出方面亦有相當增加平均每月約付洋六萬餘元折舊在內股息未計每月平均約盈餘洋二萬六千餘元不過此項盈餘現已完全撥付債款利息究竟此項子金應如何計算處理請衆公決以便記帳案

決議：此項子金完全係爲添購新機資本不足借用

重庆电力股份有限公司董事会第二十二次会议纪录（一九三七年七月二十日） 0219-2-320

外款所致處理方法應將新增之資本七十萬元不計外其餘借款子金算至新機發電前九月底止連同關稅運費一併加入成本資產之內惟原有借款及現在發電設備所借之子金應列入管理費用不應照例

（乙）討論事項

一　吴協理提議據潘董事長來函謂該軍楊參謀長伯昌因需款支拂有地皮一幅約計二百方丈緊接廠房擬欲讓本公司現已擴充廠房收買地皮可否照價收買俾資成全請討論案

重庆电力股份有限公司董事会第二十二次会议纪录（一九三七年七月二十日） 0219-2-320

決議：本公司現正負債纍纍，無力擔此義務，所擬借讓請俟新機完成，款稍活動時再行商議可也

五時四十分散會

主席

重庆电力股份有限公司董事会第二十三次会议纪录（一九三七年八月二十八日）

0219-2-320

70

重慶電力股份有限公司董事會第廿三次會議紀錄

時間：廿六年八月二十八日午後四鐘

地點：模範市場本公司

出席：

潘仲三 體元代

石體元

胡仲實

繆廣遠 劉叔夫代

重庆电力股份有限公司董事会第二十三次会议纪录（一九三七年八月二十八日） 0219-2-320

甯芷邨

陳懷先

吳受彤 袁玉麟代

周見三

胡汝航

列席 總務科長 袁玉麟

會計科長 朱小佛

重庆电力股份有限公司董事会第二十三次会议纪录（一九三七年八月二十八日）　0219-2-320

71

工務科長程本臧

主席　石體元

紀錄　閻倬雲

搖鈴開會

宣讀上次紀錄

(甲) 報告事項

一　朱科長報告廿六年度七月份收支概況

決議：表報查閱無訛存查

二　袁科長報告本公司經濟現狀

決議：本公司現在負債達壹百廿餘萬元之鉅，丁茲國戰爆發金融奇緊之際公司債發行既不可能银行界放款亦不可靠到期合同及借款又必須照约償還總協理所擬以全部資產並請委員長行營向中中農三行保證貸款壹百廿萬元以渡難關一節誠為救濟良圖應予追認惟一紙陳訴竊慮行營不明真象而總協理現不在渝擬由本會公推胡董事仲實甯董子芷邨前往行營面陳公司一切情形以期得之有濟

三

程科長報告嘉西提取民生公司運到機材及有多件未能清獲情形

重庆电力股份有限公司董事会第二十三次会议纪录（一九三七年八月二十八日） 0219-2-320

決議：已到未能請提各貨民生公司既出有欠條可函慕西向其催促早日請獲以備工程上之使用

四 袁科長報告本屆招考見習生廿名業已完備保證手續分派職務由

決議：該見習生等既於本月廿五日入公司服務其薪給不必按日計付即自八月起優予支給可也

72

（乙）討論事項

一　討論職員保証儲金規則案

決議：交周董事見三審查

五時五十分散會

主席

重庆电力股份有限公司董事会第二十四次会议纪录（一九三七年九月二十日） 0219-2-320

73

重慶電力股份有限公司董事會第廿四次會議紀錄

時間：二十六年九月廿日午后四鐘

地點：模範市場本公司

出席：

徐廣遲 劉敉夫代

周見三 到

石體元 到

重庆电力股份有限公司董事会第二十四次会议纪录（一九三七年九月二十日）　0219-2-320

重慶電力股份有限公司第廿四次董事會決議錄

時間：廿六年十月二十日午后四鐘

地點：模範市場本公司

出席：

潘仲三　石體元代

石體元

何說崖　到

胡仲實

74

劉航琛到
甯芷邨到（袁玉麟代）
傅友周到
何九淵
陳懷先　友周代
周季悔
徐廣遲
王君韌

重庆电力股份有限公司董事会第二十四次会议纪录（一九三七年九月二十日）　0219-2-320

重庆电力股份有限公司董事会第二十四次会议纪录（一九三七年九月二十日） 0219-2-320

康心如

列席：総务科長 袁玉麟

業务科長 劉静之

工務科長 程本臧

主席 石體元

纪錄 閻倬雲

摇鈴開會

宣讀上次纪錄

(甲) 報告事項

重庆电力股份有限公司董事会第二十四次会议纪录（一九三七年九月二十日） 0219-2-320

一 襄科長報告廿六年度八九月份收支概況案

決議：表报查阅無訛存查

二 襄科長報告實業部核发本公司營業执照於昨十九日已由四川省政府转给承領案

決議：營業执照已奉到即請经理部尅日掛照營报公告

三 襄科長报告與寶源煤礦公司订立購炭合同案

決議：照原合同條文追認惟須據程科長報告自水泥廠開工後廠房每日所耗煤量即須較前增加一倍约計每月當耗煤在弍千噸之上令查該合

一同所載寶源煤礦公司自廿七年二月一日起至十一月末日止僅月運煤一千四百噸尚相差六百噸共相差之數勢必在供煤陸仟噸之數內借用是此十個月借用結果陸仟噸之供煤已無一噸存煤可言矣茲為避免供給斷缺及受壟斷起見請經理部密切注意仍以同一價值要求寶源按月加上或另與其他煤礦公司再訂一二萬噸以備存供或缺之時之需

（乙）討論事項

一 職員保證規則案

76

二

決議：修正通過如另文

電費減價案

決議：並准市府說明本公司新機因滬戰發生長江封鎖尚有一部無法運渝以致進十節發電之議不能如願現仍以一千啓羅瓦特之發電機三部與、常發電情形與前無殊此不能減價其一抗戰期間電氣事業關係於國防之充實工業之推動甚大本公司負有重要市區供電之使命更須盡力籌集現金購備鉅量材料以作維長期準備方能預防無虞若於此時令其減低電價則收入短少何以在事機而論方艱此不能减價廿二啟自立滬作戰封閉沿海各口吾川水陸交通隔於停頓各種材料為五金燃煤等因來源斷絕莫不飛漲因之公司欲保持本年事業之不墜非實行增加電價不足以資維護故自來水廠以同一公用事業因感材料奇漲無法支持亦經呈准省府以二角一噸之水價增至三角五分矣今公司鑒於困難之嚴重雖不能增加電價致阻各工業之進展故甯忍痛犧牲勉竭進行再繼之以減價實難支持此不能減價廿三也有此三種原 60.

因故特請市府轉呈　四川省政府核轉　中央建設委員會鑒此苦衷在此抗戰期間准予暫維原價以渡難關俟將來戰事結束交通恢復物價平衡即當遵令照減決不再延云云

又公司電價自新機發電後每度成本究攤若仰請經理部飭工務科根據發電費用及發電總量求一精確數字以備核計電價之考查

（丙）臨時提議

一　康董事提議本會前次決議俟結賬後電價減半案僅限於電燈一項擬將電熱比照減照半價結清、

重庆电力股份有限公司董事会第二十四次会议纪录（一九三七年九月二十日） 0219-2-320

請衆公議案

決議：贊成電熱比照電灯減價從十月十日起實行

五时五十分散會

主席

重庆电力股份有限公司第二十五次董事会决议录（一九三七年十一月二十日） 0219-2-320

78

重慶電力股份有限公司第二十五次董事會决議錄

時間：二十六年十一月二十日午后四鐘

地點：模範市場本公司

出席：

劉航琛 何息審代到

何息審到

何競華到

石體元

周季悔列
卢作孚　周季悔代列
潘仲三　石体元代列
宁芷邨
徐广迟　以刘敷五代
王君韧
胡汝航
康心如

重庆电力股份有限公司第二十五次董事会决议录（一九三七年十一月二十日） 0219-2-320

79

列席：总务科长 袁玉麟
会计科长 朱小佛
业务科长 刘静之
主席：康心如
纪录：阎伟云
摇铃开会
宣读上次纪录
(甲)报告事项
一、廿六年度十月份收支概况案
决议：查阅表报无讹存查

二 聘任康心之先生為本公司顧問案

決議：通過

三 水泥公司自來水公司購電合同案

決議：追認

四 續與寶源煤礦公司訂立購炭合同案

決議：照合同條文追認惟上炭月日及上炭數量均須照約履行不得稍有通融致礙煤之供量

五 抗戰期間應需各項材料擬派專員出洋購買案

決議：暫不派員出洋由經理部先與各洋行探詢材料價格再與貿易局派往馬尼剌海防各專

重庆电力股份有限公司第二十五次董事会决议录（一九三七年十一月二十日） 0219-2-320

80

調查商業交通歸來之汪代璽先生詢問情形遇必須派遣專員時然後再派員辦理由昆明至重慶間之運輸事也

（乙）討論事項

一 劉總經理函稱本公司協理吳受彤因病逝世刻間事務殷繁協理一職擬請以石体元董事繼任案

決議：全体贊成通過由本會備函敦聘

二 本會董事吳受彤出缺遞補案

決議：查本公司創立會選出之候補董事為傅友周吳晉航何北衡三君傅友周現任監察人吳晉

院前代表公司之股权现已移转何北衡现任省府建设厅长实居监督地位均无递补之可能此案可暂保留俟将来开常年股东大会时再行提请补选可也

三

本年度设备新机支付子金迄钜完以十分之数加入新机成本案

决议：以新机已付之价及其附属用费从廿六年一月一日起至十二月底止据实支数目及日期依照本公司所借外债平均利率折合子金总数加入新机成本候本年年底决算后再由董事会提议

重庆电力股份有限公司第二十五次董事会决议录（一九三七年十一月二十日） 0219-2-320

酌提折舊

三 製發股票案

決議：(1)發行股票額二百五十萬元

(2)股票上登載已領得中央建設委員會及實業部登記執照不必填寫號頭

(3)由董事長常務董事及總協理以董事名義簽名蓋章其上並於每年度發給紅息時換發

(丙)臨時報告

一 攤派救國公債二萬元案

決議：照攤款墊認

二 防空司令部摊派防空捐款案

决议：候防空司令部摊派办法及数目确定后再提

出讨论

（丁）临时提议

一 周董事季悔提议现值非常时期本公司负有重要

市区供电使命，为求事变时线路迅速修复起见，亟应

对本市有电气常识工人设法登记，以备应付事变案

决议：由经理部遴饬工务科从速设法登记，以应

非常需要

六时廿分散会

主席

重庆电力股份有限公司董事会第二十六次决议录（一九三七年十二月二十日） 0219-2-320

86-1

重慶電力股份有限公司董事會第廿六次決議錄

時間：二十六年十二月二十日午后四鐘

地點：重慶模範市場本公司

出席：

周季悔

盧作孚 周季悔代

甯芷邨

周見三 芷邨代

石[illegible]

重庆电力股份有限公司董事会第二十六次决议录（一九三七年十二月二十日） 0219-2-320

87

徐廣遲

胡仲實

胡汝航

何說岩

傅友周 到

列席 總務科長 袁玉麟

會計科長 朱小佛

重庆电力股份有限公司董事会第二十六次决议录（一九三七年十二月二十日） 0219-2-320

业务科长 刘杰
主席 胡仲实
纪录 阎倬云
摇铃开会
宣读上次纪录
（甲）报告事项
一 朱科长报告廿六年度十一月份收支概况
决议：表报查阅无讹存查
（乙）讨论事项
一 本年度盈余分配案

88

決議：紅息照四厘分配，均照經理部所擬通過

一 職工電費特價案

決議：查公司因值時局轉變，海口封鎖，所用材料莫不高漲，加以舊債未償，新債又增，若不急謀整飭，決不足以資維護。故爲維持廿七年度營業及避免外方藉口計，有本公司職工用電暫行條例一律取銷，函本市各党政軍機關及各職員住宅半價付費原案亦請經理部具呈川省予以取銷，以維血本。如經理部力有未逮，再由本會推請胡常務董事、康常務董事、徐

廣遲董事輔助辦理務照所銷原案而廢止

一　印製股票案

決議：照擬製式樣印製種類一股者多印百股者少印以備遇有遺失及以大劃小之用經理部呈酌辦理官紅息決定陰曆年節前發給股東大會定明年一月上旬登報公告二月上旬開會股票擇換期亦與官紅息同時換發

五時五十分散會

主席

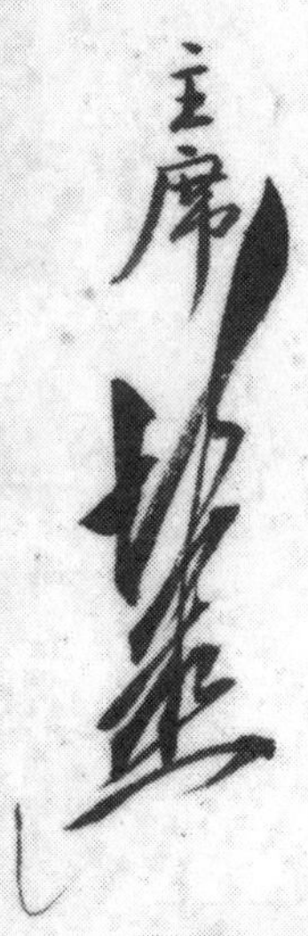

重庆电力股份有限公司董事会第二十六次决议录（一九三七年十二月二十日）　0219-2-320

第三册

0000 1-1

重慶電力股份有限公司臨時董事會決議錄

時間：二十七年一月二十七日午后四鐘

地點：模範市場本公司

出席：

胡仲航

王君韌

徐廣遲

寧芷邨

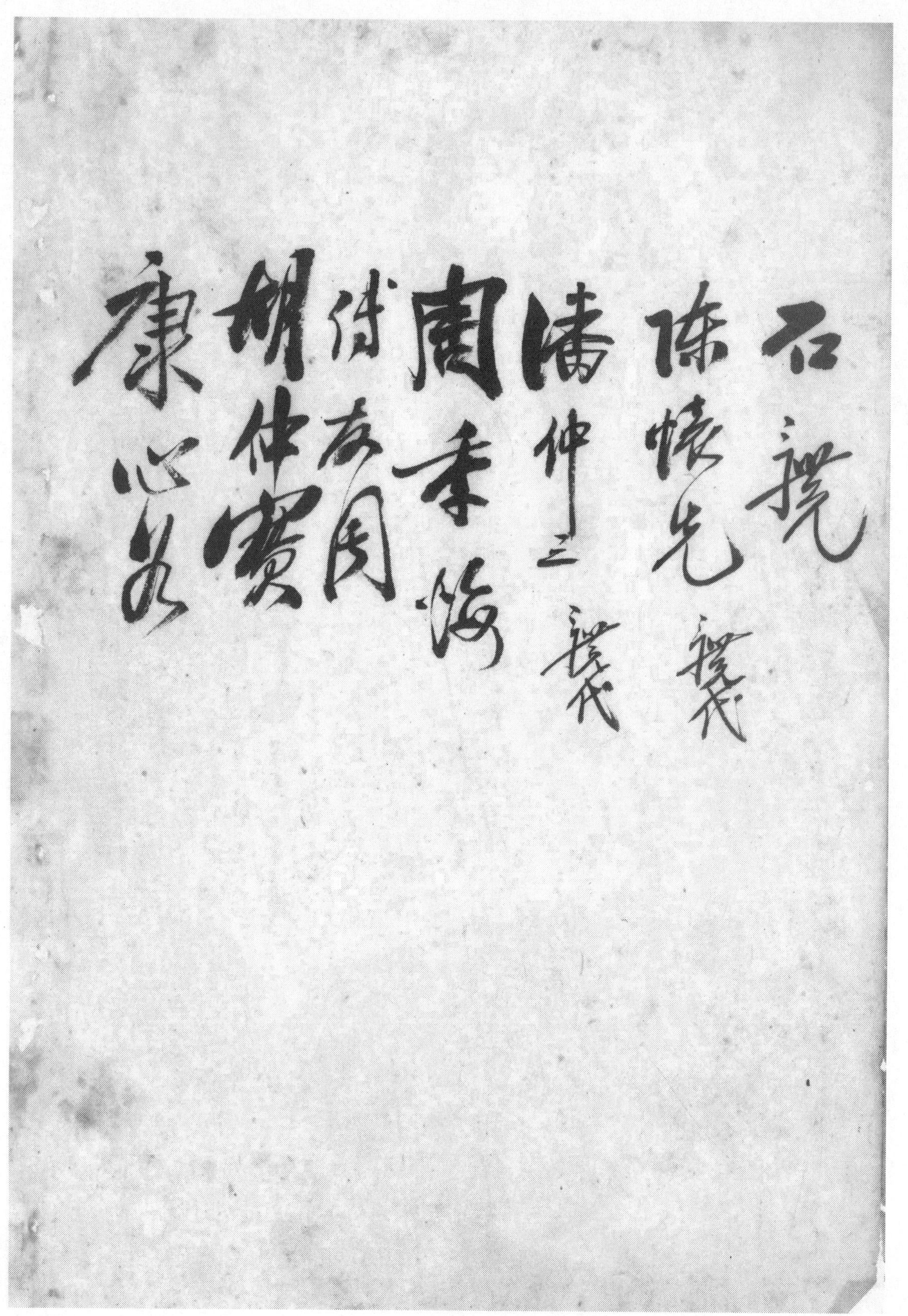

石體元
陳懷先 體元代
潘仲三 體元代
周季悔
傅友周
胡仲實
康心如

重庆电力股份有限公司临时董事会决议录（一九三八年一月二十七日） 0219-2-321

重庆电力股份有限公司临时董事会决议录（一九三八年一月二十七日） 0219-2-321

0000.2

列席：總務科長 束玉麟
　　　會計科長 朱小佛
　　　工務科長 程本臧
主席：康心如
紀錄 閻偉雲
(甲) 報告事項
一 朱科長報告二十年度十二月份收支概况案
決議：查閱表報無訛存查
(乙) 提議事項
一 董監酬勞金分配案

决議：董監酬勞金照二十二等分〻配董事長常務董事各得二分其餘董監各得一份胡叔潛酬勞金既有成言在先董監酬金無多即在公司常年經費項下開支職工酬勞金照經理部所擬分配案通過

一 本會董事吴受彤出缺遞補案

決議：本會董事吴受彤因病逝世所遺之缺依法應即以創立會選出之候補董事傅友周繼任傅友周現任本會監察人惟任期屆滿應於第二屆股東常會依法改選

一 援例資遣吴克斌工程師赴英實習案

決議：經理部為預培人才儲為將來之用起見請援吴錫瀛前例資遣吴克斌工程師赴英實習一節照案通過

一 擬訂大會程序案

決議：(甲) 臨時股東會

一 摇鈴開會

二 行禮如儀

三 審查股權

四 公推主席

五 主席宣佈開會

六 董事長報告開會理由

七 報告事項

A 新機裝設經過案

B 防空設備案

八 提議事項

A 擬向工礦調整委員會借款二百萬元案

九 臨時提案

十 散會

(乙) 第二屆股東常會

一 搖鈴開會

二 行禮如儀

三 審查股權

四 公推主席

五 主席宣佈開會

六 董事長報告開會理由

七 總經理報告二十六年度業務狀況

八 監察人報告二十六年度帳略

九 通過純益分配案

十 改選監察

重庆电力股份有限公司临时董事会决议录（一九三八年一月二十七日） 0219-2-321

十一 临时提议

十二 散会

五时五十分散会

主席 [印]

重庆电力股份有限公司临时董事会决议录（一九三八年二月十二日）　0219-2-321

5

重慶電力股份有限公司臨時董事會決議錄

時間：二十七年二月十二日午前十時

地點：模範市場本公司

出席：

周季悔

寧芷邨

石竹軒

何說巖

徐維明

任鈞[illegible]代

王[illegible]代

王君韧
胡仲实
石体元
康心如

列席：總務科長　袁玉麟
　　　工務科長　程本臧

主席：胡仲實

紀錄：閻倬雲

報告事項

一　四行聯合辦事處渝分處借款情形案

決議：四行所提條件如由渝處派員管理出納稽核帳目等事經理部既已承諾應予追認惟期限過短則與公司現狀有妨仍擬規定六年為限如限期內公司除開支及添買材料外尚有餘力應盡量償還四行至利率週息九厘本不算高祇以四行既本扶助工商業之主旨乃有貸款之舉應請求稍予減讓以上兩項統由經理部查照交涉辦理事後報由本會備查

一　行營令移電機建設分廠案

重庆电力股份有限公司临时董事会决议录（一九三八年二月十二日） 0219-2-321

决議：為保全公司財產及維持營業能力決接受行營善意建議搬遷一千瓩兩部新機請經理部先向行營陳明隨後再辦相地購地折卸建廠等工作至所需材料訂購手續及技術人員與一切財力等問題如有困難隨時提商行營請求協助俾免困難而少阻滯

主席 胡仲實

重庆电力股份有限公司第二十七次董事会决议录（一九三八年二月二十六日） 0219-2-321

重慶電力股份有限公司第二十七次董事會決議錄

時間：二十七年二月二十六日午后三時

地點：模範市場本公司

出席：

康心如

徐廣遲

周季悔

石體元

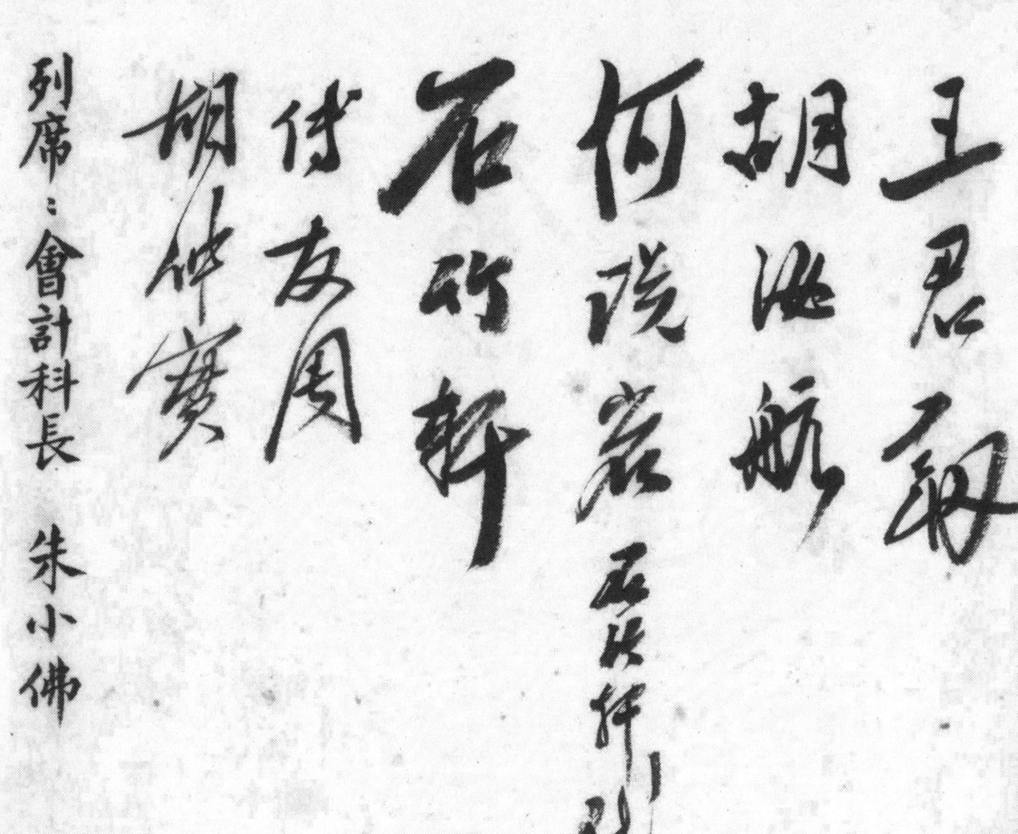

王君韧

胡汝航

何兆青　石荣廷代

石竹轩

傅友周

胡仲实

列席：會計科長　朱小佛

重庆电力股份有限公司第二十七次董事会决议录（一九三八年二月二十六日）　0219-2-321

0000 8

業務科長 劉杰

工務科長 程本臧

主席：胡仲實

紀錄：閻倬雲

（甲）報告事項

一 四行借款經過案

決議：四行所提數額予全及派員管理出納稽核帳目與夫訂約以後不得與四行以外之金融機關往來各節經理部前會即已報告承諾當仍追認關於期間縮短至三年一層公司自審還款力量

重庆电力股份有限公司第二十七次董事会决议录（一九三八年二月二十六日） 0219-2-321

尚能担任即照所拟还款方法办理至利息由週息九厘改为月息九厘此在重庆市场固不算高公司为解除各短期高利贷之损失亦可遵照承认惟该四行贴放会将来利息如有低于九厘时本公司借款利息亦当照减此点应请经理部查照交涉在合约上载订明白将来借款草约成立时由经理部商得常务董事同意办理事后再报董事会备查

一 借款数目分配案

决议：收支无讹照案通过

一 二十七年度一月份收支概况案

决議：查閲表報無訛存查

（乙）討論事項

一、非常時期職工撫卹規則案

決議：修正通過如另文

四時五十分散會

主席 胡仲實

重庆电力股份有限公司第二十八次董事会决议录（一九三八年三月二十一日） 0219-2-321

重慶電力股份有限公司第廿八次董事會决議錄

時間：廿七年三月二十一日午后三時

地點：模範市場本公司

出席：

胡汝航到

徐廣遲、劉穀五代

王君韌、

周見三

周季悔

石荣廷

潘仲三 荣廷代

宁芷邨

康心如

傅友周

列席：總務科長 袁玉麟
會計科長 朱小佛
業務科長 劉杰
工務科長 程本臧
主席：康心如
紀錄：閻倬雲
摇鈴開會
宣讀上次紀錄
（甲）報告事項
一　朱科長報告二十七年度二月份收支概况案

決議：查閱表報無訛存查

一 四行借款情形案

決議：四行借款合約前由經理部及常務董事與四行渝分處商妥草案賫請（漢）總處核准俟正式印成即由董事長常務董事簽字至承還擔保人簽字一節不免困難現漢總處既已轉請工礦調委會擔保甚善即由公司同其他借款公司聯名電請工礦會簽行俾克完成手續又四行所提須同時繳銷代現券一層公司前領用代現券壹百陸拾玖萬元除現存各銀行及還財監處掉回一部外僅差

重庆电力股份有限公司第二十八次董事会决议录（一九三八年三月二十一日） 0219-2-321

叁拾餘萬元決定請經理部向各股東銀行及省銀行商洽各借款十萬元購買繳銷日後借款入手時付還各行總稽核待遇每月薪給二百元膳宿費五十元來渝輿馬費三百元經理部既已承諾當予追認

（乙）討論事項

一 修改營業章程案

決議：本公司營業章程施行已久現本業務上之經驗提出意思自有修改之必要惟電燈價目一項因公司特價燈太多月損約壹萬餘元且自滬戰

發動五金煤價高漲訂購材料需款較前加多此時若再減價誠恐難於維持故決定電燈價格仍當保持原價辦理至電力電熱關係工商業發展為廣招徠起見當以遵令減價為宜但電力用戶至四十萬度者每度最低不得低於三分六厘用電超過再提由董事會審議另定若專在白日用電者因目前餘力尚多其價格更與日夜用電者不同當更減低本此原則由經理部向外交涉辦理章程修改文字公推胡董事仲實傅董事友周審查下屆董會開會時提交決定

重庆电力股份有限公司第二十八次董事会决议录（一九三八年三月二十一日） 0219-2-321

一 修改職員保證金規則案

決議：職員保證金規則既發現各條有實施困難之點，即仍請周董事見三修改，交下次董事會審議。

四時五十分散會

主席 康心如

重慶電力股份有限公司第二十九次董事會決議錄

時間：二十七年四月二十日午后四鐘

地點：模範市場本公司

出席：

周見三

胡仲實

周季悔

寧芷邨

王君韌

重庆电力股份有限公司第二十九次董事会决议录（一九三八年四月二十日）　0219-2-321

徐廣遲　沈其蕃代
康心如　周見三代
盧作孚　周季悔代
甘典夔
石體元
傅友周　[illegible]代
胡汝航

重庆电力股份有限公司第二十九次董事会决议录（一九三八年四月二十日） 0219-2-321

列席：會計科長 朱小佛
業務科長 劉杰
工務科長 程本臧
主席 胡仲實
紀錄 閻倬雲
搖鈴開會
宣讀上次紀錄
（甲）報告事項
一 朱科長報告二十七年度三月份收支概況
決議：查閱表報無訛存查

重庆电力股份有限公司第二十九次董事会决议录（一九三八年四月二十日） 0219-2-321

一 購置材料情形案

決議：遷川工廠既紛紛訂立購電契約在業務及供電之需要上自有購置材料之必要茲經理部所報購備各料情形多係已經訂購在先繼續交款者本會當予追認

（乙）討論事項

一 本年度收支預算案

決議：本年度收支預算既係比照二十六年度決算及本年業務發展情形斟酌擬具查屬實在即照所擬通過惟開支方面仍請經理部於各項節

目之内再求撙節可也

一 修改職員保證規則案

決議：照修改條文通過施行期間改自本年七月一日起

一 修改營業章程案

決議：照修改條文通過從本年六月一日起實行

五點五十分散會

主席 胡仲實

重庆电力股份有限公司第三十次董事会决议录（一九三八年五月二十日） 0219-2-321

重慶電力股份有限公司第三十次董事會決議錄

時間：二十七年五月二十日午後四鐘

地点：模範市場本公司

出席：

周見三 到

何説岩 到

石竹軒 何代

0000 16

徐廣遲　王代

王君韌

何九淵

石揆

傅友周　揆代

胡仲實

重庆电力股份有限公司第三十次董事会决议录（一九三八年五月二十日） 0219-2-321

周季悔 袁玉麟代

列席：總務科長 袁玉麟
會計科長 朱小佛
業務科長 劉杰
工務科長 程本臧

主席：胡仲實

紀錄：楊新民

搖鈴開會

宣讀上次紀錄

0000 17

86

(甲) 報告事項

一 會計科長朱小佛報告公司廿七年度四月份收支概況
決議：查閱表報無訛存查

二 協理石體元報告公司向四聯分處辦理借欵經過及支付情形案
決議：公司辦理四行借欵事務已經完了所有支付各欵均詳列表報查核無訛存查

(乙) 討論事項

一 公司現有機力已訂售無餘擬請擴充新機案
決議：公司現有機力因遷川工廠紛紛訂約用電售罄

無餘為妥護機力安全及發展營業計實有擴充新機之必要關於擴充計劃暫訂三個標準原則以期逐步實施

（甲）決定新添四千五百瓩電機一部作為備件

（乙）關於擴充經費暫定兩個籌集辦法（一）由本會委託經理部先向四行貼放委員會接洽詳述公司必須擴充新機之切實情形請求借款如能得同意則至少擴充一部倘可多借則照程科長本臓擬具計劃最好添購新機三部（二）現時公司資產總額已達六百餘萬元之多如再添新機及綫路設

倫將來資產必更增多至少可達九百萬元以上而公司現有資本總額僅為二百五十萬元实不能從容應付經濟活動應有增加股本必要俾可健全公司經濟機構

(丙)上項籌劃擴充費用辦法统交由經理部分頭接洽辦理如有成議時再由本會訂期召開臨時股東大會作最後之決定

二

上海光華大學謝副校長霖甫函請公司捐助該校在蓉建築商學院講堂費用案

決議：謝霖甫先生對於公司辦理立案註冊及規劃

重庆电力股份有限公司第三十次董事会决议录（一九三八年五月二十日） 0219-2-321

會計規程等事均有相當帮助且光華大学此次在川永久設校奠立樹人之基公情私誼均有捐贶要着由公司捐助該校建築費國幣壹千元由經理部致送

三 軍政部兵工署重慶煉鋼廠籌備處函請添設輸電綫路設備案

決議：煉鋼廠擬與公司互通電流為維持本身利益自應供給惟關於新增变壓設備及桿綫敷設等費約達九萬八千元之多照公司目前經濟情形實不能担負此項鉅欵如該廠能與公司切實合作則此

重庆电力股份有限公司第三十次董事会决议录（一九三八年五月二十日） 0219-2-321

項設備新增費用須請其全數墊付着由經理部
函覆該廠請為辦理可也
六時三十分散會

主席 胡仲實

重庆电力股份有限公司第三十一次董事会决议录（一九三八年六月二十一日） 0219-2-321

重慶電力股份有限公司第三十一次董事會決議録

時間：二十七年六月廿一日午后四鐘

地點：模範市場本公司

出席：

周見三 到

周季悔 到

傅友周 到

何説崖 到

重庆电力股份有限公司第三十一次董事会决议录（一九三八年六月二十一日） 0219-2-321

康心如 到
徐廣遲 到
王君韌 徐廣遲代
甯芷邨 到
胡仲實
石體元

列席：業務科長　劉杰
　　　工務科長　程本臧
主席：康心如
紀錄：闞倬雲
搖鈴開會
宣讀上次紀錄
(甲)　報告事項
一　廿七年度五月份收支概況案
決議：查閱表報無訛存查
(乙)　提議事項

0000 21

一 電力用户增加機力不勝負荷新機尚未訂購應如何應付案

決議：電力用户增加機力不勝負荷自應以訂購新機供應急需爲宜惟現在外滙限制極嚴姑無論購機款資尚未籌集即或籌獲亦難一時匯出況目前匯水增高吃虧甚鉅海口封鎖運川尤難此案現時實難辦理可俟將來時局平穩視遷川工廠之去留定情形之需要再提付董事會決議訂購否也

五時四十分散會

主席 康心如（印：康心如印）

重庆电力股份有限公司第三十二次董事会决议录（一九三八年七月二十日） 0219-2-321

重慶電力股份有限公司董事會第三十二次決議錄

時間：廿七年七月二十日午后四鐘

地點：模範市場本公司

出席：

周季悔 到

盧作孚 周季悔代

寗芷邨 周季悔代

胡仲實 到

傅友周 到

石體元 到

潘仲三 體元代

康心如 到

徐廣遲 君代

王君韌

重庆电力股份有限公司第三十二次董事会决议录（一九三八年七月二十日） 0219-2-321

周見三到
胡仲航到

列席：會計科長 朱小佛
工務科長 程本臧

主席：胡仲實

紀錄：闞倬雲

搖鈴開會

宣讀上次紀錄

（甲）報告事項

一　廿七年度六月份收支概況案

決議：查核表報無訛存查

二　臨時各項捐款案

決議：已捐各款准予追認以後如再有捐款其數額在千元以内者由經理部斟酌處理可也

（乙）提議事項

一　修正公司職員薪級表案

決議：公推胡董事仲實周董事見三傅董事友周會同經理部審查確定後再交下屆董事會

核議

五時三十分散會

主席 胡仲實

重慶電力股份有限公司臨時董事會決議錄

時間：廿七年七月二十五日午后四鐘

地點：模範市場本公司

出席：

盧作孚 周季悔代

徐廣遲

胡仲實

石體元

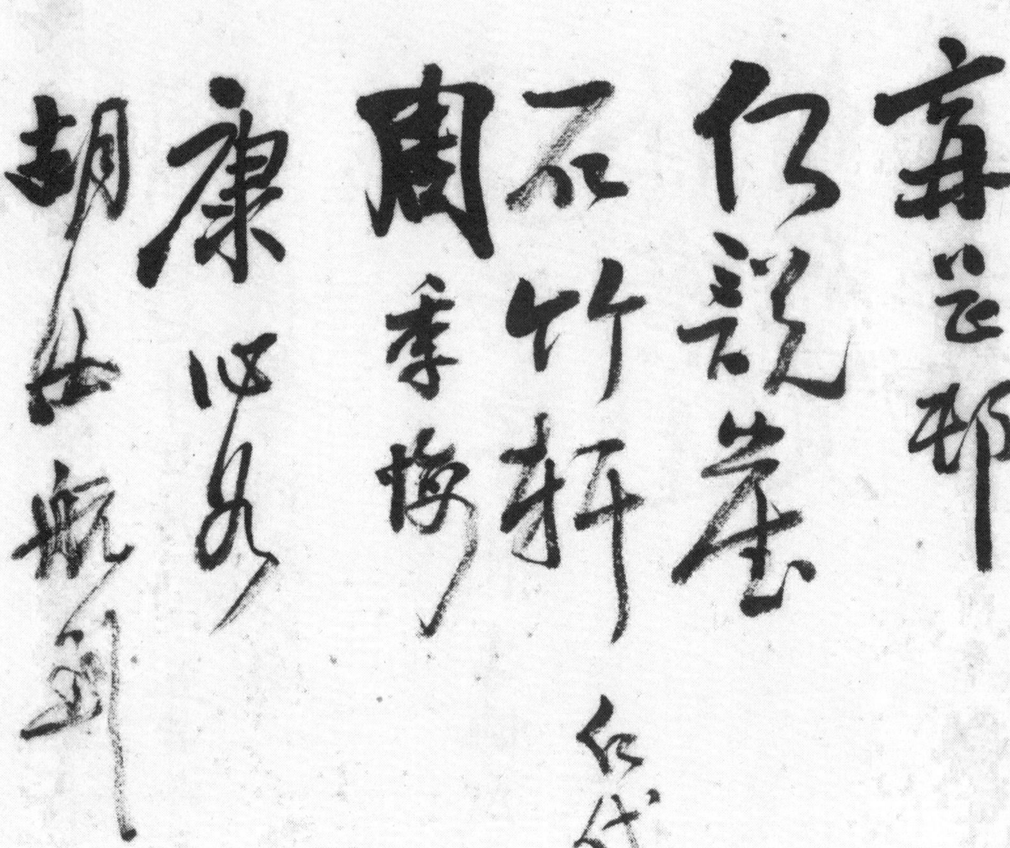

寗芷邨
[illegible]
石竹轩
周季悔
康心如
胡汝航
[illegible]代

重庆电力股份有限公司临时董事会决议录（一九三八年七月二十五日） 0219-2-321

25

周見三刂

列席：會計科長 朱小佛

工務科長 程本臧

主席：康心如

紀錄：闞倬雲

提議事項

一 行營令飭遷移電機一部份以防空襲案

決議：此案可分兩點辦理第一點行營顧主任前曾令飭遷移現在復奉賀主任令催勢在必行自

應遵令立即拆卸一千瓩電機兩部遷移他處妥為保藏然後再辦相地購地建廠裝安等工作所需經費由經理部妥為擬具呈請行營補助或代為貸借第二點抗戰期間滬漢各工廠紛紛移渝本公司亦深知重慶電廠負國防工業推動之使命重大現在電力已感供不應求若遷移一千瓩電機兩部另造新廠更不合算不若增購新機另建一大規模之分廠以應急需惟公司目前經濟拮据達於極點既受四行合約之束縛復受財部外匯之限制且又有訂購運輸機材等種種困難若

26

不解决一切扩充计划皆无法进行由经理部前
往行营缕晰陈明请行营惠予维持再本公司
迁移机器之后在安装未就绪以前供应能力自
然减少恐各界人士不明真象深滋误解请经
理部将此情形供诸社会至已订约之用户或解
约或供应由经理部斟酌办理

五时五十分散会

主席 康心如

重庆电力股份有限公司第三十三次董事会决议录（一九三八年八月二十日） 0219-2-321

重慶電力股份有限公司第三十三次董事會决議錄

時間：廿七年八月二十日午后四鐘

地點：模範市場本公司

出席：

劉航琛

胡仲實

周見三

石體元

何說岩 石竹軒代

石竹軒

胡汝航

甯芷邨

王君韌

徐廣遲

康心之

列席：總務科長 衷玉麟

重庆电力股份有限公司第三十三次董事会决议录（一九三八年八月二十日） 0219-2-321

業務科長 劉杰
會計科長 朱小佛
工務科長 程本臧
主席：康心如
紀錄：閻倬雲
揺鈴開會
宣讀上次紀錄
甲 報告事項
十
一 二十七年度七月份收支概況
決議：查閱表報無訛存查

乙 討論事項

一 遵奉行營訓令擬具遷移機器辦法案

決議：經濟問題仍由經理部請求行營負責維持裝箱機器俟地址問題勘定後再行遷往保藏

一 擬請工礦調整處函四聯總處再借壹百萬元償付貨款案

決議：此案分數點請求(一)借款(二)請求在上海或香港交付(三)請給外匯(四)如因買暗盤外匯而受有損失請以其他方法補助或允准在電力費

上加價補償損失

一　修正職員薪級表案

決議：由傅周胡三董事會同總協理及各科長審正後再交下次董事會核定至見習生待遇先決定以廿二元為最低薪給以便提前辦理招考事宜

五時四十分散會

主席　康心如

29

重慶電力股份有限公司第三十四次董事會決議錄

時間：二十七年九月二十日午后四鐘

地點：模範市場本公司

出席：

胡仲實

劉航琛

石體元

何說巖

石竹軒　何代

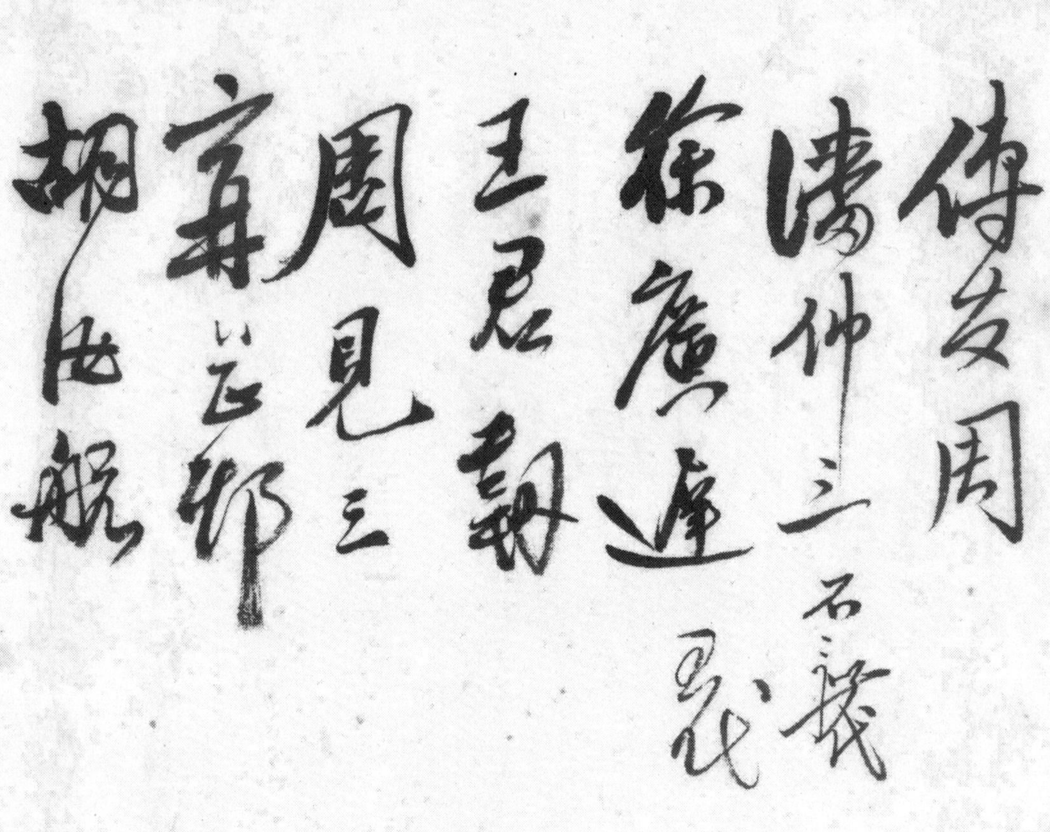

傅友周
潘仲三
徐廣遲
王君韌
周見三
甯芷邨
胡汝航

重庆电力股份有限公司第三十四次董事会决议录（一九三八年九月二十日） 0219-2-321

0000.30

周季悔

列席：总务科长 裒玉麟
业务科长 刘杰
会计科长 朱小佛
工务科长 程本臧

主席：胡仲实

纪录：阎倬云

摇铃开会

宣读上次纪录

重庆电力股份有限公司第三十四次董事会决议录（一九三八年九月二十日） 0219-2-321

甲 報告事項

一 廿七年度八月份收支概況案

決議：查閱表報無訛存查惟自下月份起須加報上月份之收支比較及假決祘兩點

乙 討論事項

一 修正職員薪級表案

決議：修正通過如另表惟見習生薪級無論新舊生凡未滿二十元者自九月份起均一律給以廿元其他各級職員薪級暫照舊例支給俟年終考績時再行比照修正表分別規定支薪

級數

丙 臨時提議

一 石協理報告本公司奉令遷移之壹千啓羅瓦特兩部電機業已折卸裝箱靜待擇地遷安惟前相楊家渡之地皮距離渝市約有十五公里之遥經程科長擬定建廠裝機需款約廿餘萬元樹桿放綫費約需資伍拾萬元以捌拾萬元之鉅款建一發電分廠僅能發電一千啓羅瓦特（以另一機作備件）殊屬不值昨往經濟部與工業司吴承洛司長相商謂遷機全係政府之意本公司經濟拮、

據實無此項遷建能力若政府必欲另建分廠以策安全即請補助經費以便施工當時吳司長答稱此事政府將開會討論或可稍資補助若全數津貼恐非所能等語似此拆卸之機若政府僅允補助一小部份安建費究竟保藏或安裝請 大會公決以憑辦理案

決議：(一)拆卸之機決不安裝妥為保藏(二)政府若能補助遷建費大多數使公司担負輕微亦可照辦(三)建設分廠地址應先買定至購機問題俟由劉總經理詳密估計後再召集臨時會議

32

解決

五時四十分散會

主席

重庆电力股份有限公司临时董事会决议录（一九三八年十月三日） 0219-2-321

重慶電力股份有限公司臨時董事會決議錄

時間：廿七年十月三日午后四鐘

地點：模範市場本公司

出席：

劉航琛　　胡仲實（付友周代）

徐廣遲

王君韌

傅友周

石體元

33

潘仲三 石[illegible]代

甯芷邨 [illegible]代

周見三

康心如

列席：總務科長 衷玉麟

會計科長 朱小佛

業務科長 劉杰

工務科長　程本藏

主席：徐廣遲

紀錄：閻倬雲

甲　討論事項

一　寶源煤鑛公司上炭違約函請加價案

決議：照劉總經理商訂五項辦法辦理

五項辦法如下

(A) 舊約尚有壹萬餘噸未上除本公司煤倉工作未畢期間停收之煤與寶源公司因山洪暴發停運之煤外暫定作為壹萬噸尚未交付該項

0000-34

條約仍繼續有效在本年九月底以前所上之煤其價格照原約結算自十月一日起再續上煤壹萬噸即作為完清舊約噸數價格每噸仍作十一元但因現在運費激增每噸由公司增補運費壹元即每噸煤價及代運費共計壹拾貳元正

(B) 公司前代寶源公司擔保銀行借款時所訂購之煤八千噸延至二十八年五月底開始上煤如當時煤價變動甚鉅寶源得再根據届時情形與公司商洽辦理

重庆电力股份有限公司临时董事会决议录（一九三八年十月三日） 0219-2-321

(C)再新訂購煤壹萬噸每噸連同運費作價十七元自十月份與舊約所訂應上之煤壹萬噸同時平均運交分别計祘價格

(D)新舊約所訂之貳萬噸十月份起每月上足弍千五百噸十二月份起每月上足叁千噸至上足總額為止

(E)公司收到寶源公司所交煤炭時仍照歷次條約即日付價其已交寶源之欵肆萬伍千餘元仍不計息每收到煤壹噸扣除弍元伍角扣完為止

二 煤價大增依法擬加電費案

決議：燃料上漲建委會既有准加電價之規定公司可根據此法令向經濟部行營請求電燈加價三分電力加價五釐但必須先與各主管機關商洽妥當然後再具文呈請

乙 臨時提議

一 出賣一千瓩叁部舊機價值商榷案

決議：前購兩部電機與兩部鍋爐照舊時價值加百分之四十關稅及附稅加百分之十二運費每噸加四百五十元除去四年零四箇月之折舊

重庆电力股份有限公司临时董事会决议录（一九三八年十月三日） 0219-2-321

可得價八十四萬元又前購杭廠舊機當時去價十二萬元除百分二十之折舊約計九萬六千元、有人還價時再召集董事會核議

六時二十分散會

主席 徐廣遲

重庆电力股份有限公司第三十五次董事会决议录（一九三八年十月二十日）　0219-2-321

重慶電力股份有限公司第三十五次董事會決議錄

時間：二十七年十月二十日午後四鐘

地點：模範市場本公司

出席：

劉航琛

甯芷邨

周季悔代

徐廣遲

王君韌

何說岩

石竹軒

0000 36

100

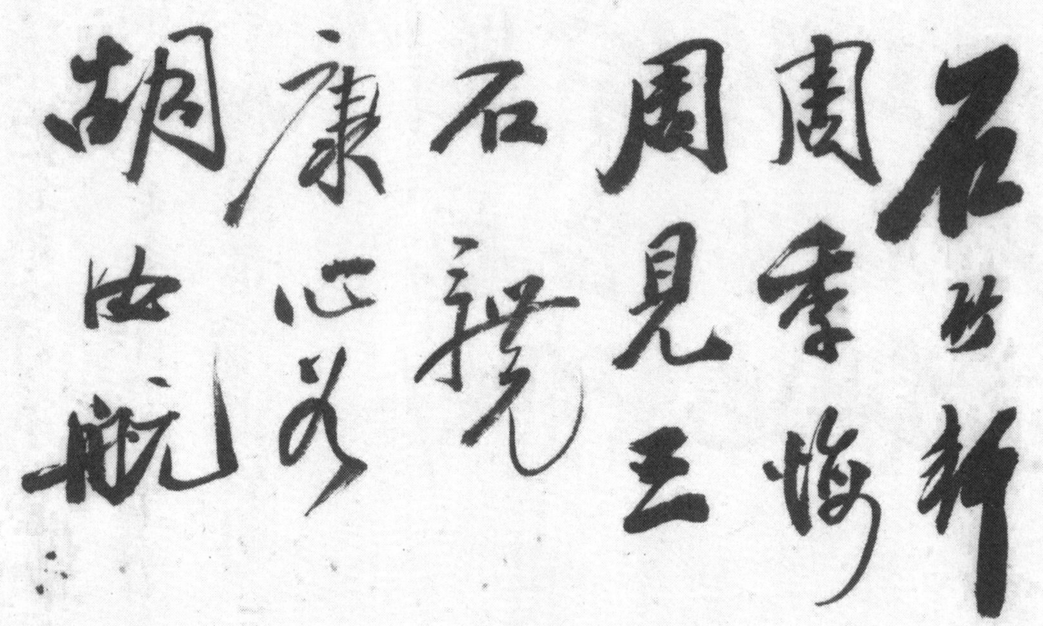

重庆电力股份有限公司第三十五次董事会决议录（一九三八年十月二十日） 0219-2-321

重庆电力股份有限公司第三十五次董事会决议录（一九三八年十月二十日） 0219-2-321

列席：會計科長 朱小佛

工務科長 程本藏

主席：康心如

紀錄：閻倬雲

搖鈴開會

宣讀上次紀錄

甲 報告事項

一 二十七年度九月份營業概況案

決議：查閱表報無訛存查

二 續訂購炭合同案

決議：煤炭為公司每日不可或缺之燃燒品，銷量至大，若僅向一煤礦公司訂購應用，假遇山洪暴發，運道阻斷，必致有不接濟之時，引起嚴重恐慌，經理部以每噸十八元向三才生訂購每日上五十噸三箇月為期之燃煤，以備不虞，本會當予追認。惟第二部新機不久即將開始發電，每日需煤更鉅，請經理部再向三才生或其他公司續訂八箇月之購煤合同，以資存濟。

乙 討論事項

一 覆議電費加價案

決議：前會議決電燈加價三分電力加價五厘係根據工務科每噸漲價六元之計算現在煤價已每噸漲至十八元較原訂煤價已超出十元仍有繼續上漲之勢若照此計算公司吃虧過鉅決定將前次決議案改變另由工務科照現與三才生訂購煤價計算最高不得超過百分之三十最低不得少於百分之二十由經理部照此辦理

二 新購電機及讓售舊新機案

決議：公司除奉令折下兩千瓩舊機新機僅有兩部至本年十二月即皆開始發電若至明年三四月工

重庆电力股份有限公司第三十五次董事会决议录（一九三八年十月二十日） 0219-2-321

廠用電機力即已不勝負荷且洗刷鍋爐必須停
工勢非新添機爐不可經理部擬以讓售二千瓩
舊機購買四千五百瓩新機一部以資替換而增
電量應予照辦惟須先將舊機出售確定換得
二萬八千餘鎊之外匯後再與安利商訂購買新
機合同如為何財部請外匯便利起見亦可兩事
同時進行俟商辦有頭緒時再提交董事會決
定

五時四十分散會

主席 康心如（印）

重慶電力股份有限公司第三十六次董事會決議錄

時間　二十七年十二月廿日午后四時

地點　模範市場本公司

出席

傅友周　到

徐廣遲

王君韌

甯芷邨

重庆电力股份有限公司第三十六次董事会决议录（一九三八年十二月二十日）　0219-2-321

胡仲实

本日因出席人數不足流會

列席重庆电力股份有限公司第三十六次董事会决议录（一九三八年十二月二十六日） 0219-2-321

42

重慶電力股份有限公司第三十六次董事會決議録

時間 二十七年十二月二十六日午后四鐘

地點 模範市場本公司

出席 [illegible]

列席重庆电力股份有限公司第三十六次董事会决议录（一九三八年十二月二十六日）　0219-2-321

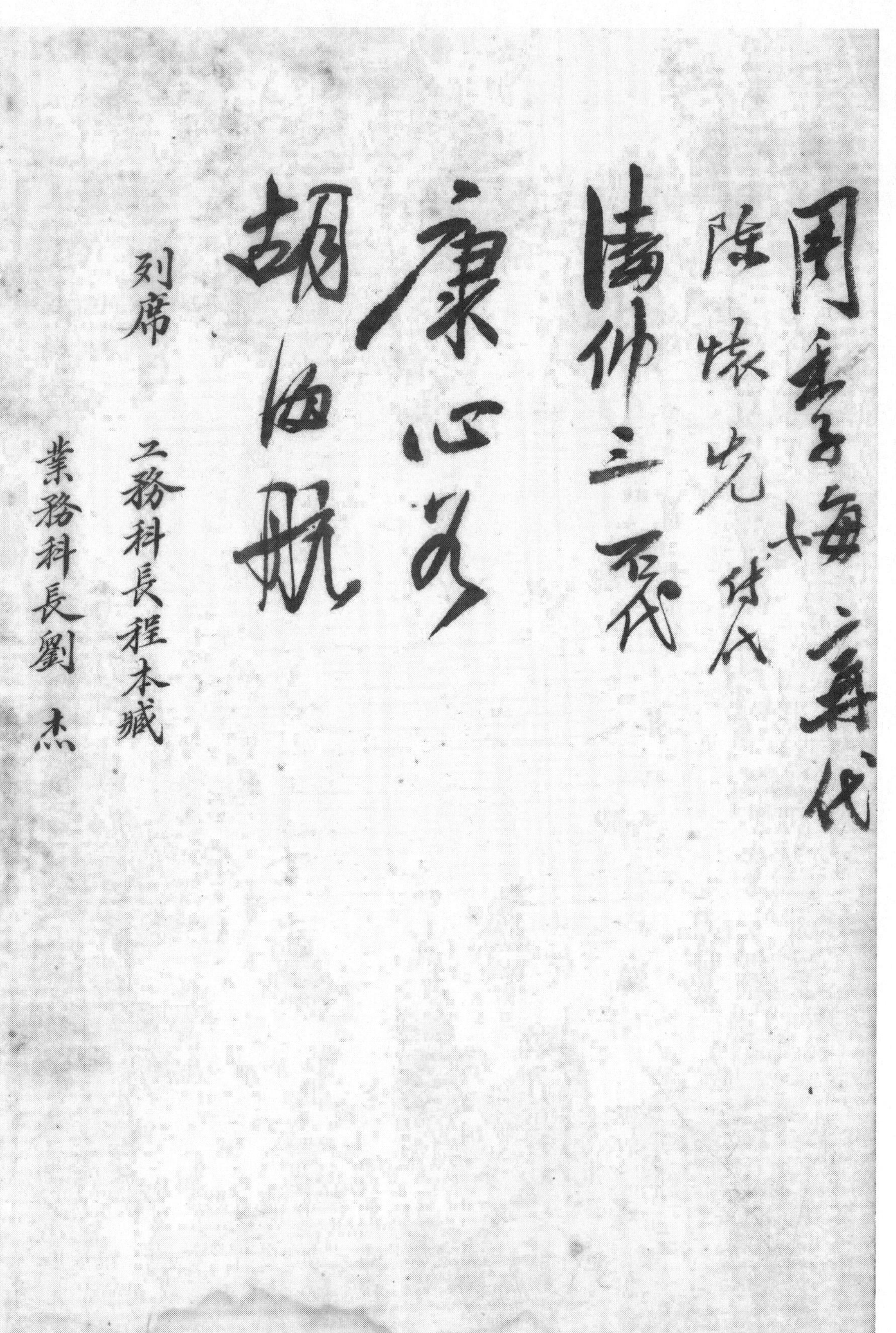

潘仰三

康心如

列席

工務科長程本臧

業務科長劉　杰

列席重庆电力股份有限公司第三十六次董事会决议录（一九三八年十二月二十六日） 0219-2-321

會計科長朱小佛

主席 胡仲實

紀錄 許幼田

報告事項

(一) 二十七年度十一月份收支概況案

決議 查閱表報無訛存查

(二) 續向四行借款辦法案

決議 壹佰貳拾萬元借款經石協理一再交涉結果四行既允照借現經濟部復來函囑向四行接洽借用即請經理部先行將款借入以應急需函經濟部

列席重庆电力股份有限公司第三十六次董事会决议录（一九三八年十二月二十六日） 0219-2-321

暨四行切貼本公司將股本加成伍佰萬元一節本會

贊同此旨提案請托臨時股東大會解决

(三)審核南岸應急分廠預算案

決議 分廠建設經程總工程師提出預算約為廿之

叁萬餘元卽請經理部照預算範圍辦理

六時散會

主席 胡仲實

重庆电力股份有限公司临时董事会决议录（一九三九年十二月二十八日） 0219-2-321

45

重慶電力股份有限公司臨時董事會決議録

時間　二十八年十二月廿八日午后二時

地點　曾家岩誠實山莊本公司

出席　[illegible]飛

浦心雅[illegible]代

石體元

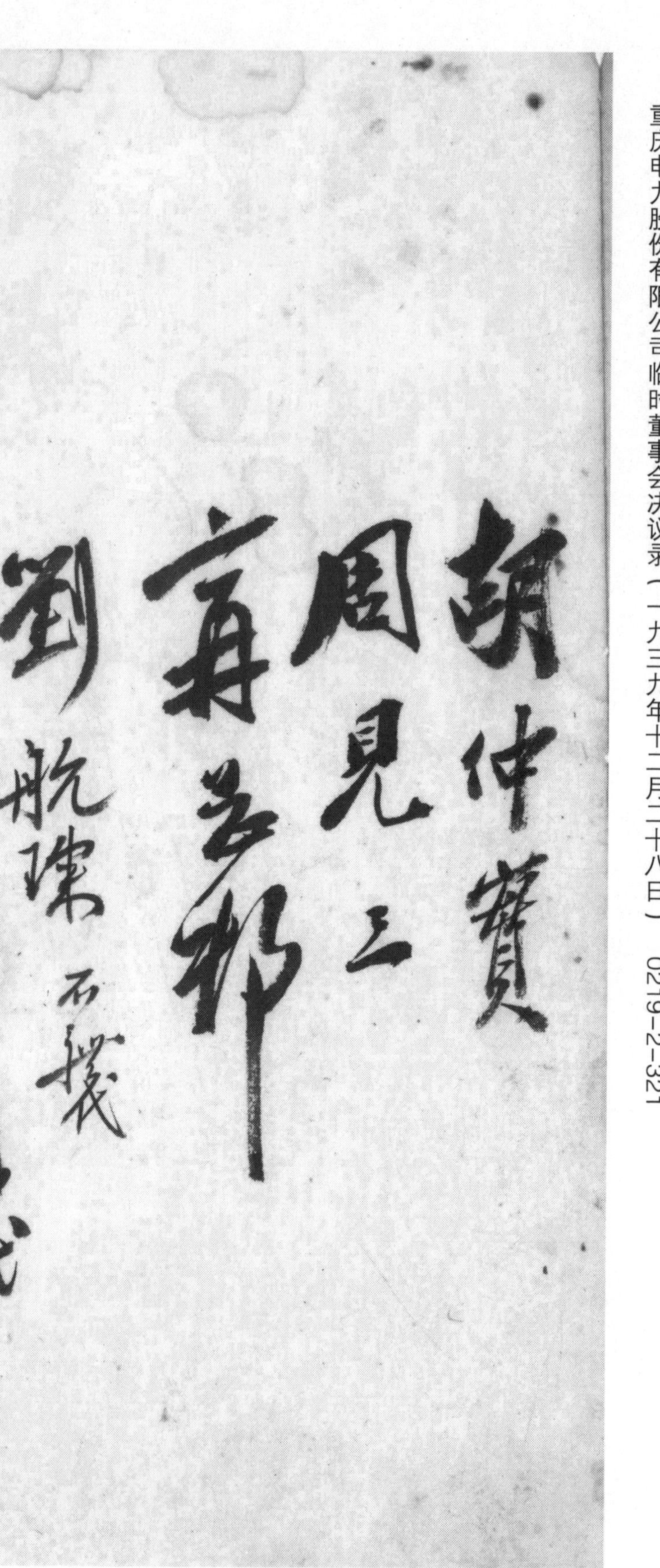

胡仲實
周見三
甯芷邨
劉航琛 石[illegible]代
周季悔 甯代
徐廣遲 周壽民代

重庆电力股份有限公司临时董事会决议录（一九三九年十二月二十八日） 0219-2-321

康心如

列席 秘書室主任陳銘德
總務科長袁玉麟
會計科長朱小佛
工務科長程本臧
業務科長張 玠

主席 胡仲實

紀錄 許幼田

重庆电力股份有限公司临时董事会决议录（一九三九年十二月二十八日） 0219-2-321

報告事項

一、報告經濟部會議加價情形案

石協理報告電費加價前經屢呈經濟部及市政府暨近復具呈國防最高委員會軍事委員會行政院以呈經濟部昨日召集有關係各機關開會討論公司方面由本人暨各科長出席同時列席者除經濟部歐陽崙師司長張覺人科長工礦調查處張礼門處長燃料管理處朱伯陶處長諸人外尚有市政府吴華甫局長潘廷梓科長及内政部衛戍部兵工署各代表當日公司方面對於電費過低燃煤缺乏及請政府補助三項詳細呈陳說

重庆电力股份有限公司临时董事会决议录（一九三九年十二月二十八日） 0219-2-321

後即暫時退席經經濟部與市政府聯席會議結果以公司方面關於數字表報尚有未齊俟表報齊後再行訂期集會討論其實公司方面發電度數抄見度數等重要數字早經呈報對發電度數因強竊及線路漏損等關係與抄見數字未能吻接再公司燃煤缺乏朱處長允酌量補助至補助費一項張處長以所關甚鉅政府不能開此特例恐難為繼對將會議情形摘要報告

決議

一切表報既經照呈俟再召集開會後再為討論並由公司致函市參議會說明電費增價之切要請胡董事仲實康董事心之向當局說明公司困難情

重庆电力股份有限公司临时董事会决议录（一九三九年十二月二十八日） 0219-2-321

形促其實現

二、報告投保兵險情形請決定辦法案

袁科長報告本公司財產投保兵險昨遵董事會決議向中央信託局接洽除詳細情形詳具簽呈外茲特擬要報告如次據信託局稱該局承保公司財產僅限於機器不能保線路保額可自二百萬乃至三百萬投保二百萬保率六元以九折計算如保三百萬其中一百萬須增加保率百分之二十五保期三個月查公司財產約值三百五十餘萬元究應如何辦理請 大會公決

決議 公司財產投保兵險三百萬元保期三個月請

48

經理部即日與中央信託局商洽簽訂并交涉先期
交款即日生效後辦手續

三、報告現在負債及應付各款情形請決定辦法案
石協理報告查公司應付各款總計二百九十萬另七千九百
元計長期借款一百五十萬另八千元此即四行借款本息
短期借款四十一萬六千元即中國實業重慶川鹽川康
各行借款及暫存各款又應付合同各款共九十八萬三千
九百元就中有安利遠平機合同之三十三萬六千元拔柏
葛鍋爐合同之一十四萬元六合公司建築合同之二萬二千
九百元安利材料合同之七萬五千元其餘尚有關稅運

重庆电力股份有限公司临时董事会决议录（一九三九年十二月二十八日） 0219-2-321

費三十萬元安裝新鍋爐材料十一萬元以上各欵並非一
時即須付出但目前急須者約計有一百萬元若舉債
勢必提供抵押品不可在公司方面現祇有以新購機器及
材料等權作抵押之用至攤還方法公司現在每月收支已
感不敷再舉新債照例必按月攤還本息更屬不易辦
到須電費增價案解決乃能按月抽提若干若加股又感
覺手續繁重究應採取何種應急辦法應請
大會核定
決議　暫行舉債以應急需即請經理部預將借欵額
數及抵押辦法攤還方式分别詳為擬具再提報本會

重庆电力股份有限公司临时董事会决议录（一九三九年十二月二十八日）　0219-2-321

49

決定

討論事項

一、討論改訂組織大綱概要案

理由　石協理說明公司因歷年執行事務之經驗於組織及人事方面宜加以調整前經報告本會在案茲特擬具改訂組織大綱除原文冗長俟另案詳陳外先擬定組織系統表一份有須特加說明者公司組織除原有各科仍舊外增設秘書稽核兩室并成立購料委員會由五委員組成之原有四科科長均兼任委員并由四常務董事公推一人主持一切科室以下各

重庆电力股份有限公司临时董事会决议录（一九三九年十二月二十八日）　0219-2-321

股畧有調對而人事則完全由舊有人員分别配担任
至詳細組織大綱俟整理完竣再提請審核所擬是
否有當請本會決定以便施行

決議　照所擬修訂組織大綱表式通過

二、討論應否承購華西銅線案

理由　石協理說明公司所有積存銅綫近因中央銀
行工程全部用罄現華西公司有銅綫一批寄存香港
計重八萬餘磅約值四十餘萬元查此項銅綫原係華
西代自井鹽務稽核所訂購因工程中止未經起運者
公司現值經濟困難籌備鉅款固屬不易惟此項銅綫

為公司急切必需之材料，尝欲購而不得，幸能辦到，價值亦殊便宜，应否承購，請本會公決。

決議　銅線為公司所必需，固宜購置，以備緩急。惟因運输困難，責任殊大，請經理部与華西商洽，如能分購分運，再為進行。

三、討論年終職工酬報案

理由　石協理說明，查公司舊例，每屆年終，工友係发双薪一月，而職員紅酬則須開股东會後始行发给。本年因時局關係，由會计方面決算，必屬純損，势無紅酬可言。然公司全体人員在敵機轟炸之下努力工

作若全無表示似不足以資激勵對於年終職工酌振
究應如何處理請本會公決
決議　本屆年終公司職工着暫借支薪工一月
四、討論廿九年度職工加薪案
理由　石協理説明本公司職工加薪每於年終舉
行先由主管人員分别考績以爲晋級之根據前因
敵機肆虐公司職工曾有加薪之請董事會許以於
本年終再行討論茲就公司現狀觀察頗感困難本
不應將加薪案提出惟經理部居於領導職工之地位
擱置復有所不可用特提請本會公決

重庆电力股份有限公司临时董事会决议录（一九三九年十二月二十八日）　0219-2-321

重庆电力股份有限公司临时董事会决议录（一九三九年十二月二十八日） 0219-2-321

51

決議　本年公司職工艱難困苦努力職務仍照舊例先行考績由經理部核定晋級辦法提由本會公決

五、討論應否加入興業銀行股本案

理由　石協理說明關於興業銀行問題目前該行各籌備委員召集各工商團体談話謂該行目的端在扶助農工商各社會事業之發展並各方面加以贊助又徐次長與本人談及亦頗希望本公司參加現在公司經濟固甚困難然為日後與該行往來計可否加入股本請公決

决議 興業銀行股本視其他企業組織加入與否再為決定

六時散會

主席 胡仲實

重庆电力股份有限公司临时董事会决议录（一九三九年十二月二十八日） 0219-2-321

重庆电力股份有限公司第四十七次董事会决议录（一九四〇年一月二十日） 0219-2-321

52

重慶電力股份有限公司第四十七次董事會決議錄

時間 二十九年一月廿日正午十二鐘

地點 曾家岩誠實山莊本公司

出席 周季悔 胡仲實 石體元 潘昌猷 康心之

重庆电力股份有限公司第四十七次董事会决议录（一九四〇年一月二十日）　0219-2-321

浦心雅　沈[illegible]代

劉航琛　石[illegible]

徐廣遲　[illegible]

王君韌

列席

市政府代表潘科長廷梓

稽核室主任温之章

會計科長朱小佛

工務科程本臧

53

秘書室主任陳銘德

主席　胡仲實

紀錄　許幼田

報告事項

一、報告廿八年度十二月份收支月報表案

朱科長報告廿八年度十二月份收支概況

決議　查閱表報無訛存查

討論事項

一、討論二十八年度決算案

理由　朱科長就決算表説明廿八年度決算

重庆电力股份有限公司第四十七次董事会决议录（一九四〇年一月二十日） 0219-2-321

情形計淂毛利拾柒萬弍千餘元惟官息尚未扣除究應如何處理請 大會公決

石協理樹帶説明公司於廿八年度因裝安南岸分廠機器及建設新村打洞等工程約計共用去拾萬元此等費用爲求公司資產之確實決不能視作資產之一部又據業務科報告用戶電錶因市區屢遭轟炸除損失確數現正進行清理外現計損失概數約有二千個之多關於以上兩項工程費用及電錶損失究應如何處理請公決

決議 於廿八年度所淂毛利内將此項資產之用費

54

全部剤除并由會計科移立電錶損失準備金科目每個電錶以值六十元計提出十二萬元作二千個電錶損失之準備金日後視電錶清出之個數再照數撥回

二、討論臨時借款案

理由　石協理說明據會計科結算公司於廢曆年終連應付合同款項保險費運費煤費及各銀行短期借款六合公司尾數共需壹百貳拾叁萬伍千餘元前經本會決議由經理部進行商借藉渡難關近與本地各股東銀行接洽幸得同意允共借壹

重庆电力股份有限公司第四十七次董事会决议录（一九四〇年一月二十日） 0219-2-321

百萬元惟抵押一項各銀行要求以新購機器鍋鑪作抵并因四行借款合同關係各銀行擬請公司與四行商洽關於通融以新購機器鍋炉鑪作抵押一点節交换一書面俾完手續至償還方式各行要求廿五個月平均還清以公司現狀論實無此力量勢須待加價案解決始有辦法關於借款問題究應若何辦理請公決

決議　請經理部向四行說明公司需款之急切借款之必要務請其承認通融以新購機器鍋鑪作新借款之抵押并請四行董事協助進行

55

三、討論移裝一千瓩電機案

理由　程科長説明公司現存大溪廠房一千瓩之電機因鍋鑪不合式致發電效率僅及百分之六十現大鑫鍊鋼廠因鍋鑪發大且須用公司電力擬請公司將所有一千瓩電機移裝該廠發電備用查公司一千瓩電機在廠房發電因鍋鑪關係固不經濟然移裝大鑫輒須數萬元為公司利益計亦非得策是不如將該項電機評價售給大鑫則兩方均較便利矣是否有當請　大會公決

決議　為公司利益計該項電機自以出賣為宜

重庆电力股份有限公司第四十七次董事会决议录（一九四〇年一月二十日） 0219-2-321

印請經理部與大鑫接洽視究能出價若干再提本
會核定
四、討論石協理辭職案
理由　石協理說明本人辭職動機除詳陳書面
外尚有亟須補充者此次辭職既非畏難亦非圖逸豫
主要原因固由近來多病難資應付他為公司開支之日
漸增大也補助費及加價問題之努力半年未見成功
也內部改組工人之橫生枝節也凡此數者皆覺心有所
未安故不若退避賢路之為愈
決議　全體慰留請各常務董事盡量協助石協

56

理處理公司事務并電劉總經理請於月内返渝主

職工反對用電組改隸問題請程總工程師負責開

導制止

三時半散會

主席 胡仲實

重庆电力股份有限公司第四十八次董事会决议录（一九四〇年二月二十日） 0219-2-321

57

重慶電力股份有限公司第四十八次董事會決議錄

時間　二十九年二月廿日午后二鐘

地點　曾家岩誠實山莊本公司

出席

康心如

徐廣遲　[illegible]代

王君韌

重庆电力股份有限公司第四十八次董事会决议录（一九四〇年二月二十日） 0219-2-321

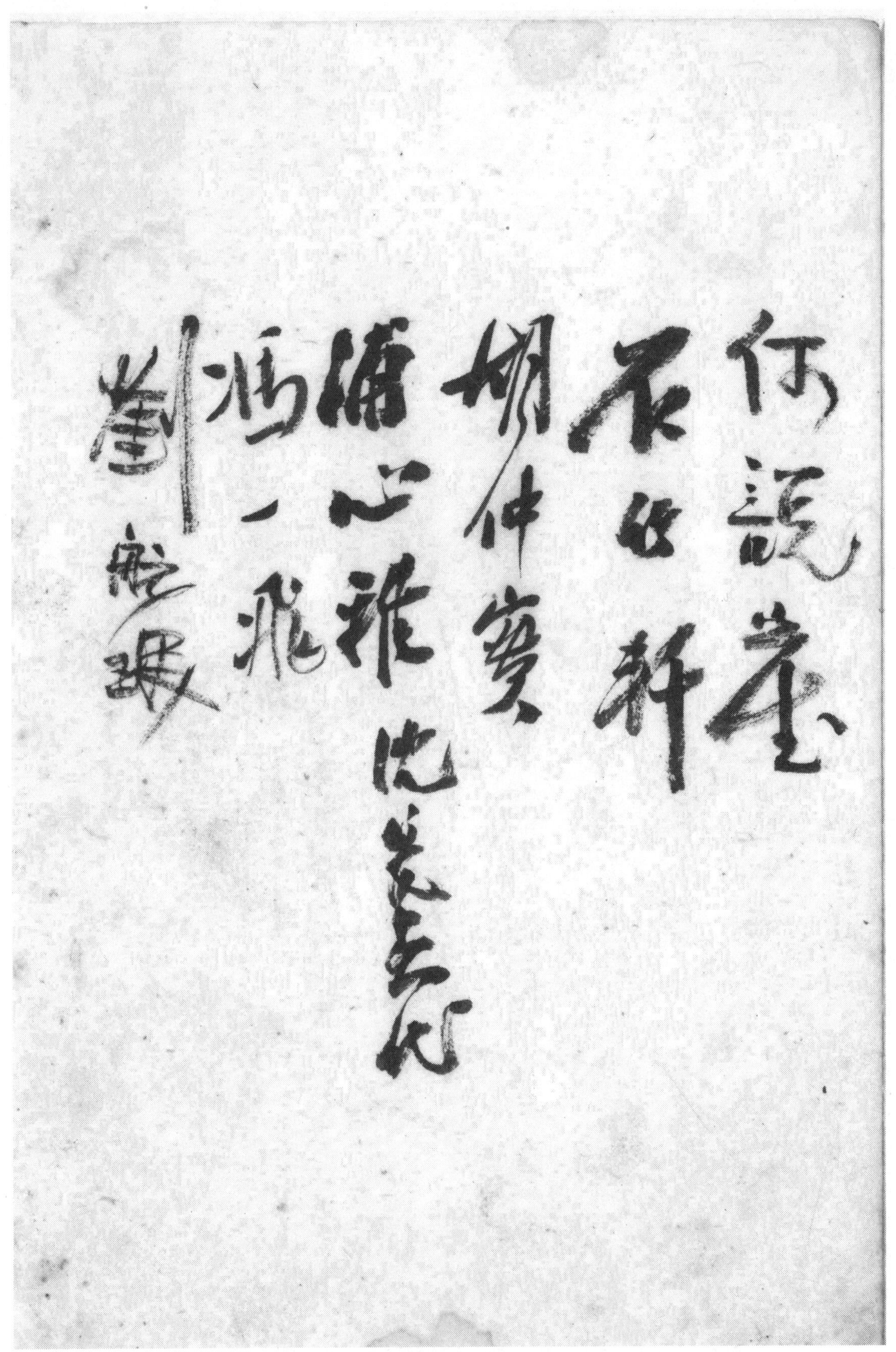

58

潘昌猷

潘益民

李慕蘅　潘益民代

列席

稽核室主任溫之章

秘書室主任陳銘德

購料委員會委員劉杰

總務科長袁玉麟

會計科長朱小佛

工務科長程本臧

重庆电力股份有限公司第四十八次董事会决议录（一九四〇年二月二十日）　0219-2-321

主席　康心如

纪録　許幼田

報告事項

一、報告廿九年度一月份營業情形案

衷科長報告一月份公司營業概况

決議　俟表报製齊再提本會存查

二、報告本月底應付各款情形案

朱科長报告本月底应付合同各款及各銀行短期借款情形

決議　請經理部籌𦙍

重庆电力股份有限公司第四十八次董事会决议录（一九四〇年二月二十日） 0219-2-321

59

讨論事項

一、請核定召集常年股東會日期案

袁科長説明本公司第四屆常年股東大會例應早日召集惟因種々関係致未舉行應請將日期決定以便登報通告及分函各股東

決議 二十九年三月廿五日午後二鐘在曾家岩誠實山莊本公司召開第四屆常年股東大會

二、請審定渝鑫即大鑫購買一千瓩舊機案

程科長就渝鑫購買舊機草約逐條説明是否有當請 大會審核

決議　渝鑫購買一千瓩舊機草約關於簽約後撤卸機器期限及撤卸後存廠期間責任問題應請經理鄒向渝鑫商洽改訂即簽約後該項機器須於四個星内期内開始撤卸一經開始撤卸後本公司對於該項機器僅負保管之責不負空襲損失之責其他各條照原草約通過

臨時提議

袁科長提議石協理此次請假赴蓉臨行前本公司工人代表關於年終給獎事曾以書面有所請求據稱公司於廿八年度因敵機轟炸受損頗鉅前於舊

重庆电力股份有限公司第四十八次董事会决议录（一九四〇年二月二十日）　0219-2-321

60

曆年終准各借支一月薪金仝人等已深感激惟現值非常時期百物昂貴且自來水公司同屬公用事業廿八年度全体職工均各給獎三個月擬懇照該公司辦法再增給兩個月薪金藉資激勵云々右協理因行期匆促特囑代為提請　大會討論究應如何辦理請公決

決議　本公司年終職工酬勞歷年均照本公司章程及中央建委會規則辦理每屆年終工人給獎職員分紅獎金一項勿論公司營業之盈虧均須給與故以前工人於年終各給獎金一個月至

職員紅酬須營業確有盈餘始能照章分配兩者性質迥不同也惟現值抗戰期間生活高漲且各職工每於轟炸之下努力工作廿八年度公司營業雖無利可言為鼓勵各職工計工人方面連前借支薪金一個月共給酬金三個月職員方面連前借支薪金一個月共給酬金兩個月亟給予職工酬金照廿八年十二月之應領薪金支給但此種特别給奬辦法適用於非常時期以後不能援以為例

主席 康心如

重庆电力股份有限公司临时董事会决议录（一九四〇年三月六日） 0219-2-321

61

重慶電力股份有限公司臨時董事會決議錄

時間 二十九年三月六日午后三鐘

地點 曾家岩誠實山莊本公司

出席 周見三到

周季悔到

甯芷邨到

胡仲實

潘昌猷 沈[illegible][illegible]代

重庆电力股份有限公司临时董事会决议录（一九四〇年三月六日） 0219-2-321

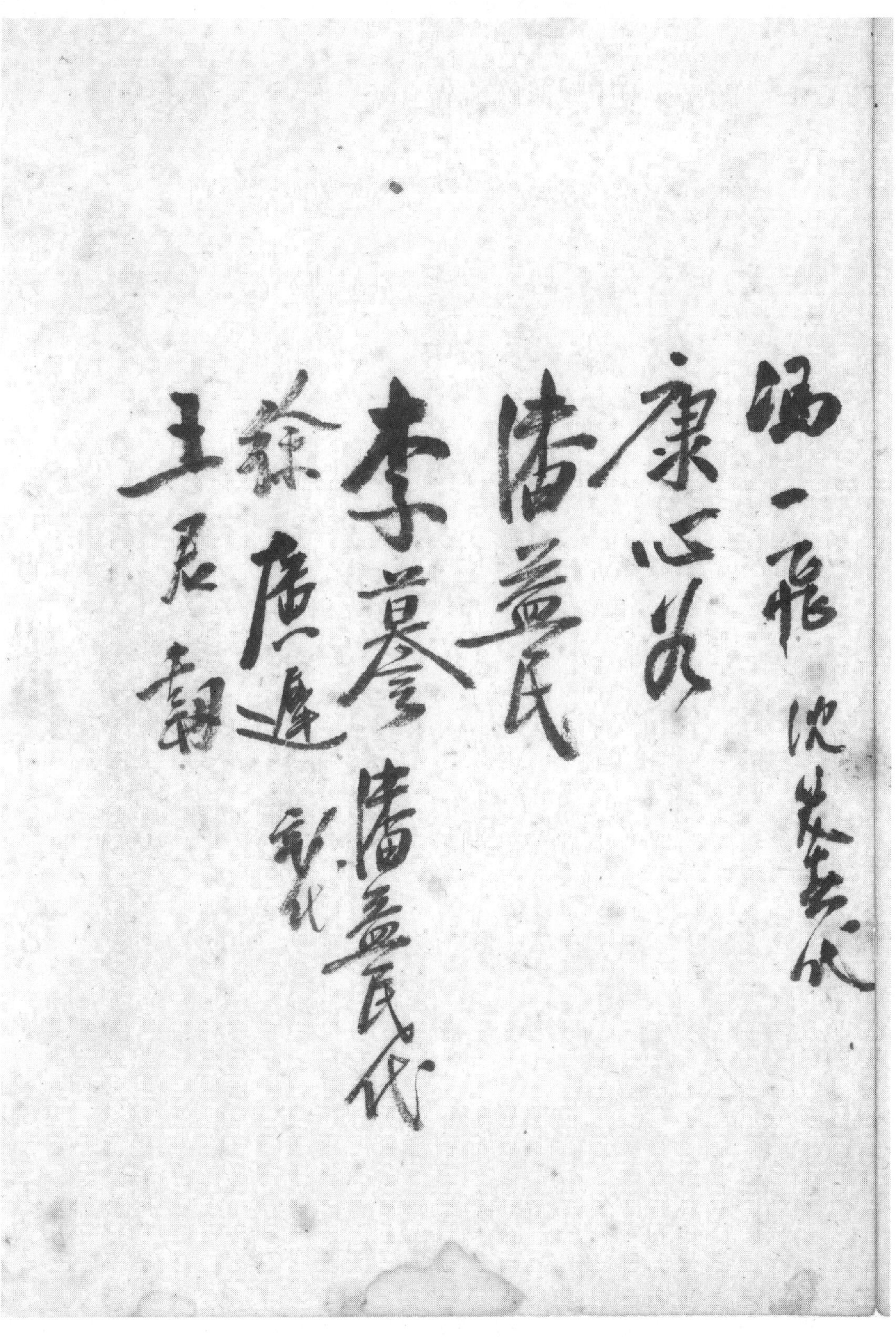

胡一飛 沈[illegible]代

康心如

潘益民

李奎蓼 潘益民代

徐廣遲 [illegible]代

王君韌

重庆电力股份有限公司临时董事会决议录（一九四〇年三月六日） 0219-2-321

62

列席　主任秘書陳銘德
　　　總務科長袁玉麟
　　　會計科長朱小佛
　　　工務科長程本藏

主席　康心如

紀錄　許幼田

討論事項

一　討論經濟部批答加價案

決議：(1)先行接受經濟部命令自三月一日起實行新電價惟呈覆經濟部須坿帶聲明此次

重庆电力股份有限公司临时董事会决议录（一九四〇年三月六日） 0219-2-321

所加價額公司困難未解決除容另案呈請辦理至應行注意五項在可能範圍内亦儘量遵辦(2)經理部再依據四十元煤價標準加入公司經常開支並於收益内再提去折舊等項精確求一不蝕本加價數字印送各董監參考以便下次集會時研討加價方案至加價案經過情形再由經理部將呈文批令分别先後次序逐一油印編號秘送各董監查閲(3)電表保証金因經濟部須分别新舊用户加增而渝市舊用户已達最高額新用户不多此案可暫不接受

重庆电力股份有限公司临时董事会决议录（一九四〇年三月六日） 0219-2-321

63

請總經理先向經濟部說明金額太少不足作電表之保証再由經理部具文力爭（四）將本公司董事會歷次會議紀錄印送各董監以備查考

臨時提議

一 討論四行續借壹百萬元案

決議：續借條文照前借款合同辦理另辦新抵押品清單一紙及分期還款清單一紙至前欠兩月本息為維持公司信用應即付還

一 討論取銷特價案

决議：查國府移渝各部院會及各省駐渝機關莫不援例請求特價以致公司年損拾陸萬餘元之鉅殊足影響公司之經濟請經理部列具特價用户電費損失表向經濟部請求㈠停止新户特價㈡縮小舊户特價範圍

一 舊機出售案

決議：若渝鑫公司能照廿一工廠出價卅一萬元并能將款一次付清自應賣給渝鑫否則當以出售廿一工廠為宜

一 劉總經理請假三月案

重庆电力股份有限公司临时董事会决议录（一九四〇年三月六日） 0219-2-321

64

決議：公司事務石協理不久返渝既主持有人劉總經理請假三月一節可無庸議原函請袁科長送還

五時五十分散會

主席康心如

重庆电力股份有限公司第四十九次董事会决议录（一九四〇年三月二十日） 0219-2-321

重慶電力股份有限公司第四十九次董事會決議錄

時间 二十九年三月二十日午后三時

地點 曾家岩誠實山莊本公司

出席

周季悔

章兰[illegible]

胡仲實

馮一飛

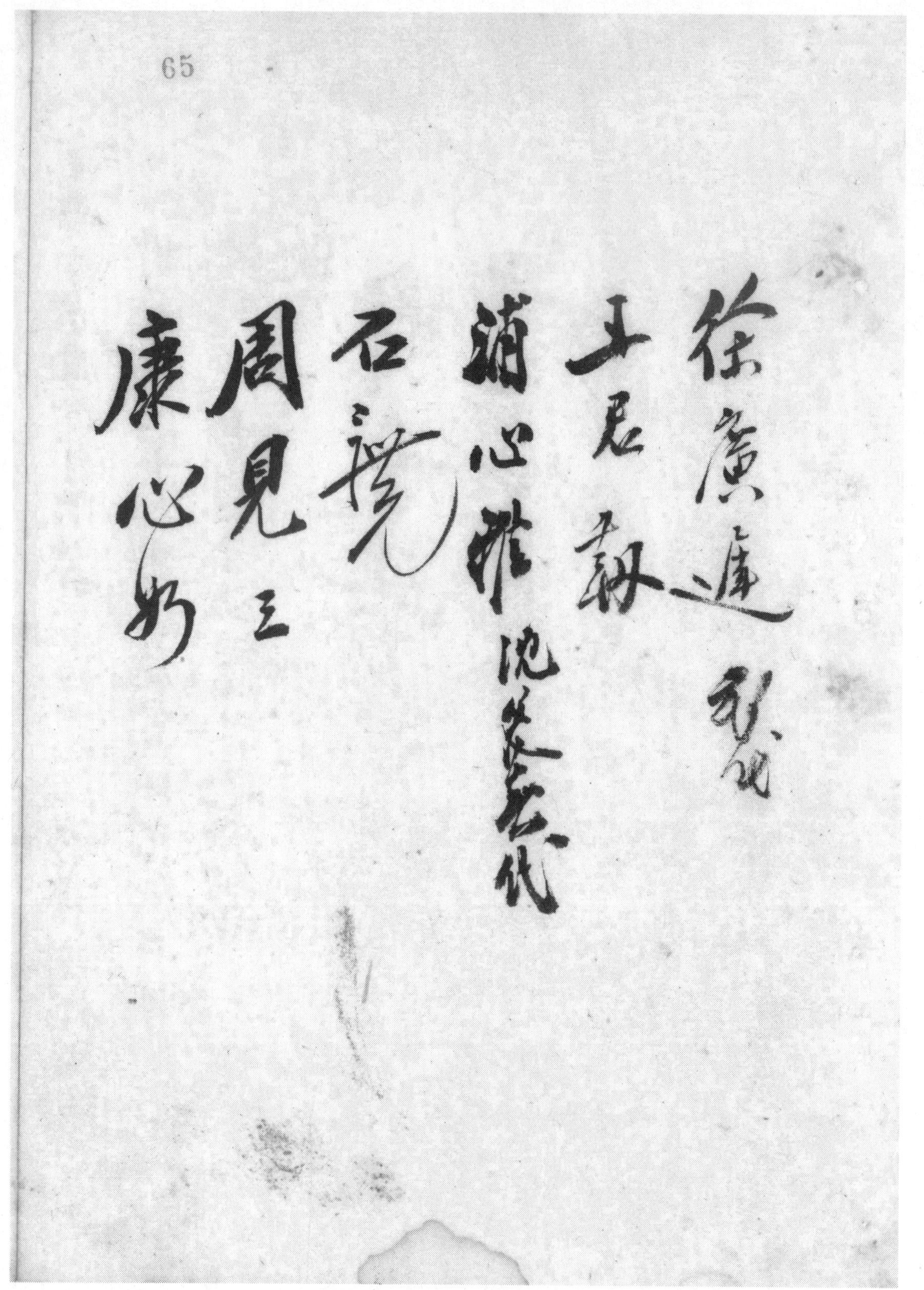
65

徐廣遲

王君毅

浦心雅 沈芝岑代

石體元

周見三

康心如

重庆电力股份有限公司第四十九次董事会决议录（一九四〇年三月二十日） 0219-2-321

列席 總務科長袁玉麟
會計科長朱小佛
業務科長張珩
主任秘書陳銘德
主席 胡仲實
紀錄 許幼田
報告事項
一、朱科長小佛報告二月份月報表案
決議：查閲表報無訛存查
一、石協理報告經濟部批答本公司電費加價施

重庆电力股份有限公司第四十九次董事会决议录（一九四〇年三月二十日）　0219-2-321

66

行日期係指定從三月一日起惟經理部對此不無困難如以三月份現收票據為標準實際等於提前一月加價雖可多收數萬元但票據必須全部收回另製不惟勢有不能且收費難免與用戶發生糾紛如以三月份應出票據為標準辦理手續雖較簡便但糾紛仍不能免且收數亦有損失如以三月份用電為標準三月一日前照原價計算三月一日後照新價計算雖公司收入受損但辦法公允似不致引起許多糾紛究應如何辦理之處請　大會公決以憑遵循案

決議：三月份用戶用電數字照新加電費征收
如用戶抄表數字有歧用二月份數字即按
照抄表日數平均截斷分別照新舊電費、
折收

一 報告潘董事長函託石董事體元代理董事長
職務案

決議：通過

一 胡常務董事仲實報告前准董事會函在石
協理請假期中公司事務暫由本人主持現在
石協理既經返渝視事本人責任業已解除

重庆电力股份有限公司第四十九次董事会决议录（一九四〇年三月二十日） 0219-2-321

重庆电力股份有限公司第四十九次董事会决议录（一九四〇年三月二十日） 0219-2-321

67

特此報告不另函達

決議：報告悉

討論事項

一 討論石協理辭職選人接辦案

決議：石協理現代理董事長雖辭去協理職務但對公司事務並不置身事外仍能照常維助情真意摯應即照准至繼任人選以本公司發起人及籌備處時代之工務科長傅友周先生為最相宜請劉總經理徵得同意後即報請常董備函敦聘

一 討論股東會議程案

決議：一 搖鈴開會

二 行禮如儀

三 公推主席

四 主席報告到會股東户數及權數

五 主席報告開會理由

六 總協理報告廿八年度營業狀況及本屆決算情形

七 監察人報告審查廿八年度決算書

八 改選監察人

重庆电力股份有限公司第四十九次董事会决议录（一九四〇年三月二十日） 0219-2-321

重庆电力股份有限公司第四十九次董事会决议录（一九四〇年三月二十日） 0219-2-321

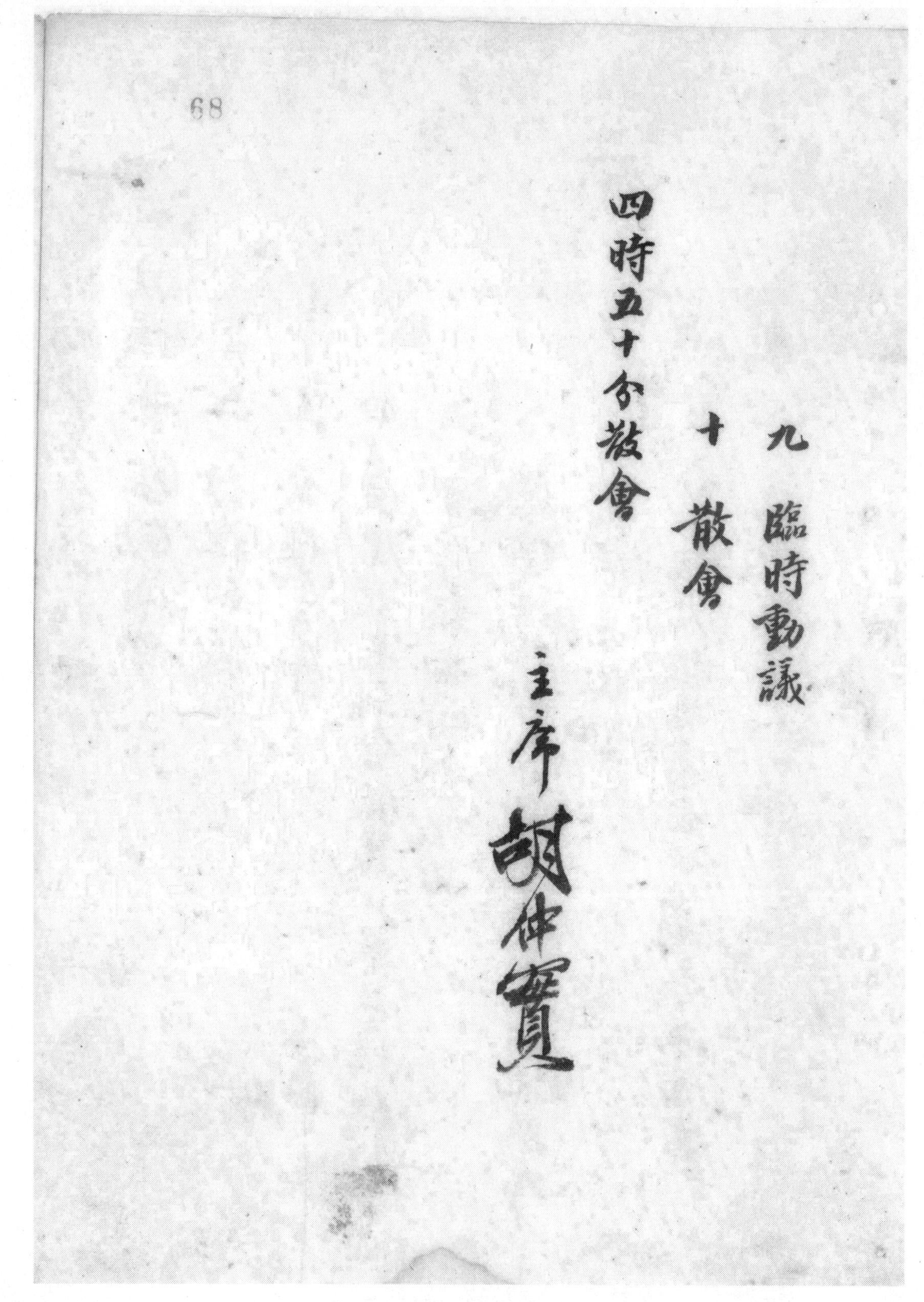

68

九 臨時動議

十 散會

四時五十分散會

主席 胡仲實

重慶電力股份有限公司臨時董事會紀錄

時間：二十九年四月一日午后三時

地點：曾家岩誠實山莊本公司

出席：

周見三

浦心雅　沈笑生代

周季悔

甯芷邨　周季悔代

石體元

重庆电力股份有限公司临时董事会纪录（一九四〇年四月一日） 0219-2-321

69

潘仲三 石代

康心如 見之代

潘昌猷 石代

陳懷先

列席：總務科長 袁玉麟

會計科長 朱小佛

工務科長 程本臧

業務科長張玠

主席：周季悔

紀錄：閻倬雲

提議事項

一 歡迎新選監察人就職

決議：全體鼓掌歡迎

二 歡迎石代董事長就職

決議：全體鼓掌歡迎

三 總經理報告聘任協理情形

決議：先由本會備函送達再定期歡迎

重庆电力股份有限公司临时董事会纪录（一九四〇年四月一日） 0219-2-321

四 總經理報告借款及售機價款用途情形

決議：收支相符照案通過

五 討論經濟部核定電表押金桿綫補助費案

決議：照經濟部規定電表押金數目太小實不足保障電表之安全桿綫補助費亦不足抵償現時材料購價之損失且此項公司已按實質照七折收取補助費若遵令公佈定必引起前繳者糾紛決定再呈經濟部查照本公司原案核准并先由經理室妥爲交涉一面商請浦董事分頭向經濟部接洽務期有效

六　報告售妥一千瓩奇異機及鍋爐案

決議：既經售妥當予備查惟該機對四行有抵押關係可函四行請其諒允並請浦董事向四行代為疏解

七　公司機材是否續保兵險案

決議：值此非常時期公司機材無論兵險費如何增加均應續行投保以保無虞該中央信託局保期既滿請仍向局續保第二期可也

主席

四時四十分散會

重庆电力股份有限公司临时董事会纪录（一九四〇年四月一日）　0219-2-321